◆ 누구나 쉽게 이름짓는 비법 공개 ◆

이름짓는 법

作名寶鑑

한국성명철학연구소

은 광 사

머 리 말

　〈이름짓는 법〉은 엮은이가 오랜 동안 심혈을 기울여 만든 것으로 누구나 쉽게 좋은 이름, 훌륭한 이름을 지을 수 있도록 해 놓았습니다.

　"사람은 죽어서 이름을 남기고 호랑이는 죽어서 가죽을 남긴다."는 말이 있습니다. 이는 죽은 뒤에도 이름을 남기고 싶어하는 인간의 마음을 잘 나타낸 명언이라 하겠습니다.

　성명학은 이렇듯 명예·부귀·행복을 누리고 건강하게 장수하며 삶을 누리려는 인간의 욕망에서 비롯된 것입니다.

　두말할 필요도 없이 이름은 자기 자신을 대표하는 것이며 자기의 표시입니다.

　오늘날 동서양을 막론하고 성명학에 대한 관심이 높아지고 있습니다. 인간은 성장 과정을 거치면서 스스로 환경을 바꾸기도 하고 사고 방식, 행동의 방식을 달리하기도 합니다. 그리하여 자기의 앞날이 어떠할지 운명을 미리 예측함으로써 행복의 길을 찾아나가는 것입니다.

　그러나 자기를 대표하는 이름을 잘 지음으로써 자기의 인상을 보다 더 좋게 하고 복된 이름을 평생 동안 가지는 것도 더할 수 없이 중요한 일이며 자기의 운명을 행복의 방향으로 이끄는 길인 것입니다.

이 책은 "좋은 이름, 복이 있는 이름"을 누구나 쉽게 지을 수 있게 하기 위하여 정성과 노력을 다해 엮었습니다. 조금 부족한 점이 있더라도 헤아려 주시고 앞으로도 많은 지도 편달을 부탁드립니다.

한국성명철학연구소

□ 이름짓는 법 차례□

제2편 작명과 해명

제3편 오행(五行)과 발음 오행에 따른 성

제4편 좋은 이름짓기와 작명에 알맞은 한자 획수

제5편 발음 오행에 따른 대법원 선정 인명용 한자(2854자)

제1편
성명철학과 자획수의 길흉

제1장 성명학(姓名學)의 의의

1. 성명학이란

성명학은 통계학적 입장에서 체계화한 것이고 그 비결은 오랜 동안의 경험에서 얻어진 것이다. 이 우주의 모든 존재가 음양(陰陽)과 오행(五行)으로써 생성(生成)하여 존재하고 있는 만큼 성명학도 그러한 원리에서 출발한 것이다. 따라서 이름은 첫째 부르기 좋고 듣기 좋으며 그 이름에 포함되어 있는 의미가 확실하여 모호하지 않고 심원한 가운데서도 우아하고 고상하며 또 웅대하여야 함을 원칙으로 한다.

2. 성명과 운세

성명학의 판단은 관상(觀相)이나 수상(手相)에 비해서 매우 간단하다. 즉 자획(字劃)을 세어서 그것을 자수(字數)의 길흉(吉凶)과 대조하여 보면 곧 판명되므로 누구나 쉽게 감별할 수 있는 것이다. 성명학은 몇 천만의 성명을 조사하고 거기에서 확고한 법칙을 발견하여 만들어진 것이므로 수(數)에 대한 엄숙한 신비와 운세가 뚜렷이 나타나 있는 것이다. 오늘날 개명

(改名)에 의하여 운세가 나아졌다는 실례가 얼마든지 있다. 물론 호적상의 이름을 고치지 않더라도 아호(雅號)나 예명(藝名) 또는 펜 네임(Pen name) 등으로 본명(本名)처럼 사용하여도 된다는 것을 알아둘 필요가 있다.

그러나, 성명이 인간의 운세 전부를 지배하는 것은 아니지만 양명(良名)과 악명(惡名)의 관계가 인간 처세에 중대한 영향을 주는 것은 부인할 수 없으며, 선천적 조건이 좋은 사람이 좋은 이름을 가지며 금상첨화격으로 더욱 좋은 것이고, 선척적 조건이 나쁘더라도 좋은 이름으로써 악운을 극복 할수 있다는 데서 오늘날 성명학이 중요시되는 것이다.

3. 작명(作名)에 대하여

① 이름은 부르기 좋고 듣기 좋아야 한다.

작명의 요결은 첫째 부르기 좋고 듣기 좋아야 하며, 그 연후에 길흉(吉凶)을 판단할 것이다.

음(音) 즉 소리가 먼저는 낮고 나중이 높으며, 먼저는 흐리고 나중이 맑은 것이 좋으므로, 소리가 순평(順平)하게 들리되 끝에 운(韻; 리듬)이 있는 듯이 들려야 하는 것이다.

음이 혼탁하고 무기력한 것은 그 사람의 기질과 인품을 흐리게 하고 무기력하게 하는 것이므로, 이는 곧 이름이 인간 생활에 무형적인 암시를 주기 때문이다.

또 남성의 이름과 여성의 이름에 있어서도 그 리듬은 구별

14

되어야 한다. 남성은 대체로 돈후 장중(敦厚壯重)함을 주로 하고, 여성은 경쾌 명랑한 느낌을 주는, 즉 바위 틈에서 흘러나오는 물소리와 같이 또는 쟁반에 구슬을 굴리는 듯한 소리와 같이 맑아야 하는 것이다. 그러나 이와 같은 것은 대체적인 이론이고 그 사람의 기질에 어느 정도 부합시키는 것이 일반적이다.

또 음운(音韻)에 있어서 주의할 점은 몹시 천한 인상을 주거나, 우습게 들려 남에게 이상한 감을 주게 되는 것은 좋지 않다.

(보기)

具　萬　斗(구만두)

孫　秉　信(손병신)

金　致　國(김치국)

禹　東　集(우동집)

이와 같은 이름은 그 인물의 인격이나 기능에 별다른 결함이 없음에도 불구하고 사회적 처세에 있어서 불리한 입장에 놓이게 되는 일이 적지 않다.

옛적 우리 사회에서는 천하고 이상한 이름을 불러 주면 수명이 길어진다고 해서 「개똥이」, 「똘똘이」, 「돼지」 등의 이름을 지어주는 경향이 많았다. 그러나 이런 이름으로 작성하여 출세한 예가 없으며 사회적 지위를 가진 사람을 보지 못했다.

② 알기 힘든 벽자(僻字)나 쓰기 어려운 문자는 피해야 한다

작명(作名)에는 천하고 흉한 의미의 글자를 피하는 동시에

일반이 알기 힘든 벽자나 쓰기 어려운 난자(難字) 등은 피해야 한다. 이름은 그 자신을 대표하는 것이므로 성명 전체를 통하여 그 글자의 의미가 불확실하며 요령을 얻지 못한 모호한 것이어서는 안 된다.

　성명의 의미는 그 사람의 인격과 풍모를 나타내는 것으로서 심원 우아(深遠優雅)하고 웅대 호방(雄大豪放)하면서도 고상한 의미를 가져야 할 것이나, 남성의 이름이 여성적이어서는 안 되며 여성의 이름이 남성적인 것도 좋지 않은 것이다. 그러므로 이름은 그 사람의 선척적 능력의 대소를 참작하여 강대한 능력의 소유자에게는 될 수 있는한 웅장한 맛이 있도록 하고, 또 기질이 약한 사람에게는 그 격에 알맞는 의미의 이름을 짓도록 한다. 기질이 나약한 사람에게 격에 맞지 않는 웅장한 이름을 붙여 준다는 것은 넌센스이며 그렇다고 무기력한 의미의 이름을 지으라는 것은 아니다. 또 과거의 유명한 역사적 인물의 이름을 그대로 따서 지어 주는 예가 가끔 있는데, 이것은 의식적으로 그러한 인물을 따르라고 암시한 것이라는 것을 알 수 있으나 그것은 옳지 않다. 그러므로 역사적인 유명한 인물의 이름을 따는 것은 극히 삼가야 하며, 자신의 운명을 개척할 수 있는 능력을 기르도록 하고 그에 알맞는 이름을 지어야 한다.

4. 성명학과 음양설(陰陽說)

　역(易)에 이르기를 '일음 일양(一陰一陽) 도(道)라' 했다. 우

주의 삼라만상이 모두 음양(陰陽)의 이치로 생성한 것이므로 모든 존재에는 음양이 있고 따라서 성명학에도 이 음양이 배합되지 않을 수 없다.

인간의 흥망 성쇠는 음양격(陰陽格)의 조화 여하에 따라 크게 작용하는 것으로 무릇 순천자(順天者)는 흥하고 역천자(逆天者)는 망하는 것이 천지의 섭리요 상도(常道)라는 것이다.

성명학에 있어서의 음양격을 잡는 방법은 성명 삼 자 혹은 이 자 내지 사자의 그 한 자씩을 획수로 따져서 획수가 홀수인 경우는 양(陽)이라 하고 짝수인 경우는 음(陰)이라 한다.

○양격 획수 : 1, 3, 5, 7, 9

○음격 획수 : 2, 4, 6, 8, 10

〈주〉 10획 이상인 경우는 10을 제하고 나머지 수로 계산하면 된다.

우주간에 있어서 하늘〔天〕은 양이고 땅〔地〕는 음이며, 또 남성은 '양'이고 여성은 '음'이며, 낮〔晝〕은 「양」이고 밤〔夜〕은 「음」이며, 위〔上〕는 「양」이고 아래〔下〕는 '음'이다.

이와 같이 이 세상에는 천지(天地)가 있고 남녀(男女)가 있어야만 되는 것으로 성명학에서도 '음양(陰陽)'이 고루 있어야 하며, 그 어느 한쪽만 있어서는 좋지 않은 것이다. 이것은 이론적으로만이 아니라 실제로 역사적 통계로도 여실히 증명되는 사실이다.

〈음양격으로서의 길상(吉象)〉

(○ : 陽 ● : 陰)

[3자] ○○● ●●○ ●○○ ○●● ●○● ○●○

[2자] ●○ ○●

[4자] ○●●● ●○○○ ●○●● ●●○●

　　　 ●○○● ●○○○ ○○●● ●○○○

　　　 ●●●○ ●○○○ ○○●● ●●○○

이와 같은 음양 조화는 만사가 순조롭게 진행되며, 모든 운세를 길하게 한다.

[3자] ○○○ ●●●

[2자] ○○ ●●

[4자] ○○○○ ●●●●

이와 같은 음양 배치는 성명학상으로 그리 환영을 받지 못하는 것이니 태약(太弱) 혹은 태강(太强)한 운세를 나타내는 것으로 일시 남이 따르지 못할 만큼 큰 성공을 거두는 사람이 있더라도 종국에 가서는 불행과 실패로서 끝을 맺기 쉬운 격이며, 특히 오행(五行)의 관계와 맞지 않는 경우는 대단한 흉상(凶象)으로 되는 것이다.

비명(非命)에 쓰러지거나, 뜻하지 않게 중절(中絶)된 우리나라 명사(名士)의 예를들면 다음과 같다.

●●●	○○○	●●●	○○○	●●●	○○○
金來成	申翼熙	金東仁	呂運亭	盧天命	張德秀
8 8 6	5 17 13	8 8 4	7 13 7	16 4 8	11 15 7

18

5. 성명학과 오행설(五行說)

오행(五行)이란 「목」「화」「토」「금」「수」의 다섯 가지로 동양에서는 옛부터 자연계의 동정(動靜) 변화를 이 오행으로 고찰하였으며, 그 상대(相對＝陰陽) 및 상생(相生)·상극(相剋)에 의하여 일체의 성생(成生) 변화를 관찰했던 것이다.

이 오행은 서로 생(生)하여 도와 주는 경우와 극(剋)하여 해를 끼치는 경우가 있는데, 이것을 오행의 상생(相生)·상극(相剋)이라 한다.

ㅇ五行相生 : 金生水　水生木　木生火　火生土　土生金
ㅇ五行相剋 : 金剋木　木剋土　土剋水　水剋火　火剋金
ㅇ五行相比 : 木比木　火比火　土比土　金比金　水比水

문자에도 이 오행[金木水火土]이 있어 성명에 상생하는 격이면 신체가 건강하고 집안 일이 흥하며, 부부 관계도 원만하여 안정된 생활을 이루지만, 오행이 상극하여 있으면 모든 일이 순조롭지 못하여 사업은 실패하며, 병고(病苦)와 살상(殺傷) 그리고 가정 생활도 원만치 못하다.

상비(相比) 격은 동성(同性) 관계로서 형제 자매 관계와 같은 것이다.

ㅇ오행 상생(五行相生)격인 성명 배합
金土金　金土金　金金水　金金土　金水木　金土火　金水水　金土土
木水木　木木火　木木水　木水水　木火火　木火土　木火木　木水金

水水金　水木火　水金水　水木水　水木木　水金金　水金土　水水木

火土火　火火木　火木火　火火土　火木水　火土土　火木木　火土金

土金土　土金水　土土金　土金土　土土金　土火木　土火火　土金金

○오행 상극(五行相剋)격인 성명 배합

金木金　金金火　金木木　金火火　金金木

金火金　木木金　木土木　木金金　木木土

木金木　木土土　水火水　水火火　水土水

水水火　水土土　土木木　土水水　土水土

土土木　土木土　火火水　火金火　火火金

火水水　火金金　金木土　金火水　木土水

木金火　水火金　水水土　水土木　火水火

火金木　土木金　土水火

○오행 상비(五行相比)격인 성명 배합

金土水　金水土　金火土　金木水　金金金

木火水　木金水　木水火　木木木　木土火

水火木　水土金　水金木　水水水　水木金

火金土　水水木　火木土　火土木　火火火

土水金　土金火　土木火　土土土　土火金

〈주〉 이와 같은 배합은 다른 음양(陰陽)격의 좋고 나쁨에 따라 영향을 받으므
　　　로 다른 조화가 잘 맞으면 크게 성공하지만 그것이 조화를 이루지 못하
　　　면 크게 실패한다.

그리고 오행 상극에 있어서는 혹 일시적으로 성공을 했다고 해서 안심할 수는 없으며, 곧 운세의 전락을 보기 쉬우므로 다른 격의 조화로써 이를 이겨내야 한다.

또 성명 2자인 경우는, '목생화(木生火)', '화생토(火生土)', '토생금(土生金)', '금생수(金生水)', '수생목(水生木)'의 법칙을 그대로 이용하며 성명이 4자, 5자의 경우도 위에 든 배합에 의하여 그 앞 또는 뒤에 오는 글자의 획수가 오행(五行) 배치의 원칙에 따라 상생되도록 해야 한다.

○문자(文字)의 오행 판별법

문자를 오행에 맞추어 보는 방법은 한문으로 보는 경우와 한글로 보는 경우가 있다.

〈한자〉 1, 2획＝木 3, 4획＝火 5, 6획＝土 7, 8획＝金
9, 10획＝水

	5行	5方	5時	5氣	5常	5色
1-2	木	東	春	仁愛	仁	靑
3-4	火	南	夏	剛猛	禮	赤
5-6	土	中央	季節	寬宏	信	黃
7-8	金	西	秋	殺代	義	白
9-10	水	北	冬	柔和	智	黑

〈한글〉

오행(五行)의 구분과 음색(音色)으로 본 특징.

○한문으로 본 비교(훈민정음에 따른 한글 자음의 발음 오행)

木	角音(牙音)ㄱ ㅋ	ㄱ ㅋ
火	徵音(舌音)ㄴ ㄷ ㄹ ㅌ	ㄴ ㄷ ㄹ ㅌ
土	弱音(脣音)ㅇ ㅎ	ㅁ ㅂ ㅍ
金	商音(齒音)ㅅ ㅈ ㅊ	ㅅ ㅈ ㅊ
水	宮音(喉音)ㅁ ㅂ ㅍ	ㅇ ㅎ

<table>
<tr><td>木土金</td><td>木水木</td><td>火水金</td><td>土水金</td></tr>
<tr><td>金萬福</td><td>김만복</td><td>李逢春</td><td>이봉춘</td></tr>
<tr><td>8 15 14</td><td>5 6 7</td><td>7 11 9</td><td>2 7 7</td></tr>
</table>

○오음(五音)의 상생(相生)과 상극(相剋)

<table>
<tr><td rowspan="5">○相生</td><td>牙生舌</td><td rowspan="5">○相剋</td><td>牙剋喉</td></tr>
<tr><td>舌生喉</td><td>喉剋脣</td></tr>
<tr><td>喉生齒</td><td>脣剋舌</td></tr>
<tr><td>齒生脣</td><td>舌剋齒</td></tr>
<tr><td>脣生牙</td><td>齒剋牙</td></tr>
</table>

※ 받침이 있는 경우는 위에 붙은 글자의 끝과 아래에 오는 글자의 첫머리를 참작하여 이 원리에 따라 배합시킨다.

성명학의 요소는 글자이다. '행복한 이름', '불행한 이름'은 글자가 지니는 뉴앙스와 자획수(字劃數)에 의하여 좌우된다. 글자에는 정자(正字)와 속자(俗字)가 있는데 성명에 속자를 사용하는 예는 별로 없고 정자를 사용한다. 만일 속자를 사용한다면 속자 그대로의 획수를 풀어야 한다.

또 변(辺)에 있어서 'ⅰ'가 '水'의 뜻이라 하여 4획으로 치고 '性'자는 'ⅰ'가 '心'과 같다고 하여 4획으로, 'ⅰ'는 '手'로서 4획, 'ⅰ'는 '走'가 본래의 획이라 하여 7획으로 계산하는데 이는 모두가 작명시 자기류(自己流)의 해석으로 보면 된다.

한자란 원래가 상형 문자(象形文字)로서 그 제정의 처음을 살펴 보면 오늘날의 한자는 모두 그림으로 표시되어 있다. 가령 '수(水)'는 물이 흐르는 모양을, '조(鳥)'는 새가 앉은 모양을 본떠 만든 것으로 그 때의 획수도 오늘날과 같았겠는가를 생각해 본다면 지금에 와서 원획을 찾는다는 것도 격에 맞지 않는 주장이라 하지 않을 수 없다.

그러므로 'ⅰ' 'ⅰ' 'ⅰ' 'ⅰ' 'ⅰ' 등은 모두 원칙을 찾을 것 없이 그 획수대로만 계산하여도 된다.

숫자에 한해서만은 그 수의(數意)에 따라서 계산하며 획수로 셈하지 않는다. 즉 二, 七, 八, 九, 十은 모두 2획이며, 四는 5획, 五, 六은 4획이지만 一에서 十까지는 수의(數意)에 따르는 관계로 四는 4획, 五는 5획, 六은 6획, 七은 7획, 八은 8획, 九는 9획, 十은 10획으로 계산한다.

이렇게 셈하여야만 적중하는 까닭은 十까지의 수는 쓰는 사람의 마음 속에 수리적(數理的) 관념이 작용하기 때문이다.

그러나, 百, 千, 萬, 億, 兆 등의 문자는 위의 기본 숫자와
는 달리 百은 6획, 千은 3획, 萬은 15획으로 계산한다.

6. 성명의 감정법

성명을 감정하는 데 있어서는 먼저 성명의 한자 한자의 획
수를 계산하여 그것을 성자(姓字)·원격(元格)·형격(亨格)·
이격(利格)·총격(總格)의 다섯 가지로 분류한다. 이 오운(五
運)의 수가 모두 길수(吉數)이고 또한 조화가 잘 되어 있으면
행운의 성명이라고 할 수 있다.
　요컨대 작명(作名)의 비결은, ① 각 글자의 의미와 그 조직.
② 형격(亨格)과 원격(元格)의 배치. ③ 음양(陰陽)의 조화.
④ 오행(五行)의 배합. ⑤ 수리(數理)의 길흉(吉凶)을 원칙으
로 하여 보는 것이다.

성자(姓字) : 성(姓)자의 총수(總數)로서 그것이 길수(吉數)라
도 그 의미는 판단에 넣지 않는다. 그것은 이 수가 하나의 기
본수는 될지언정 단독으로 의미를 나타내는 것이 아니고 이름
자와의 관련하에 비로소 운세의 의미를 나타내기 때문이다.
원격(元格) : 이름자의 획수를 합한 것으로서 주로 초·중년의
운세를 판단한다. 형격(亨格)과의 관계에 의하여 환경이 좌우
된다.
형격(亨格) : 성(姓)자와 이름의 가운데 글자와의 획수를 합한

것으로서, 그 사람의 운명이나 성격을 가장 대표하는 중요한 수이다. 이것은 성명학의 중심적 위치에서 작용하므로 중요시되고 있다.

이격(利格) : 성(姓)자와 이름의 맨 끝글자의 획수를 합한 것으로서 형격(亨格)과 연관성이 깊으며 그 영향을 받아 배우자나 외부와의 관계에 있어서 효력을 나타낸다.

정격(貞格) : 성명 문자의 전부를 합한 것으로서, 주로 중년 이후의 운세에 작용하는 동시에 전생애에 걸친 운명을 대표한다.

　이상과 같이 성명학의 운명은 네 가지로 배별되는데, 가령 형격이 길수가 못 되더라도 원격·정격이 좋으면 무관하고, 겸하여 이격이 좋으면 행운을 지닌 것으로 볼 수 있다.

　또 성명이 4자(성 2자, 이름 2자)인 경우는 성(姓) 2자를 합산하면 되고, 이름이 외자로서 성명이 2자만인 경우는 이격과 형격과 정격이 동일하게 된다. 이런 경우는 원격과 정격만이 있는 셈인데, 이 두 자만으로 감별해도 좋다.

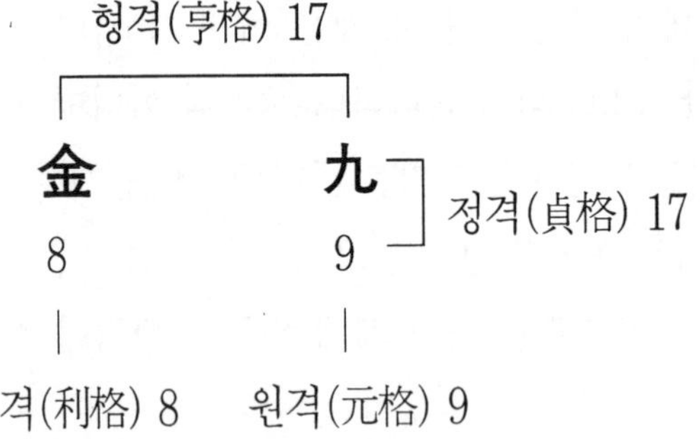

형격 17은 의지가 강하고 만난을 돌파하는 격이나 고집이 세며 이격(利格) 8은 고집이 지나쳐 조난을 당할 수이고 원격(元格) 9도 역시 역운(逆運)을 초래하는 수로서 세 격의 조화가 파란과 급변을 포함한다. 정격(貞格) 17 역시 고집과 불화(不和)를 나타낸다.

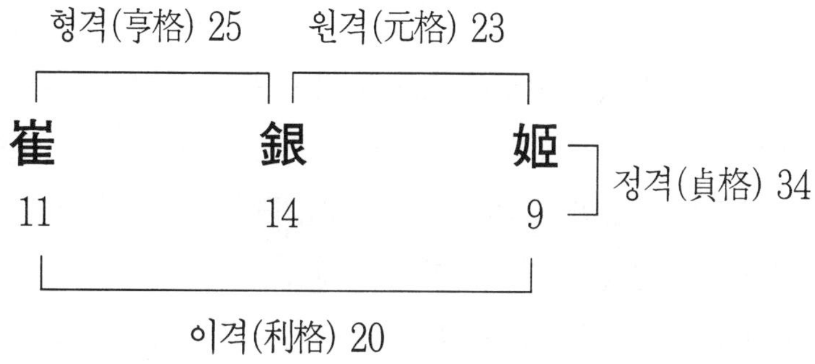

우리 나라 일류급 스타이며 예술인이다. 형격(亨格) 25, 원격(元格) 23은 모두 길상운(吉祥運)으로서 적수 공권(赤手空拳)으로 대성할 격이며, 재주가 풍부하고 기회를 잘 잡아 크게 명성을 떨쳐 비약한다. 그러나 한편 여성으로서는 운세가 강한 편이며 남과 화합하지 못하고 고집부리는 성격으로 고독을 초래하기 쉽다. 이격(利格)·정격(貞格)을 보아도 생애의 신상(身上)에 큰 변동을 보게 된다.

제2장 자획수(字劃數)의 길흉

1획수 : 두령격(頭領格) 양수(陽數)로서 만물의 기초가 되는 길상(吉祥)의 암시가 있다.

　대자연의 생기를 받아 초목의 싹이 틈과 함께 희망이 이루어지고 부귀·영화를 누릴 길수(吉數)이다. 그러나 부덕(不德)에 흐르면 그 반동으로 흉수(凶數)로 변하며 덕을 쌓고 수양하면 좋은 경사를 계속 보게 된다.

2획수 : 만물을 육성하는 뜻이 있으며, 모태(母胎)의 암시가 있다.

　명예·지위·재산을 쌓아 올려서 일대(一代)의 영화를 누리기도 하지만 그 반면에 말할 수 없는 고난에 부닥친다. 음극수(陰極數)이기 때문에 탐욕·완고·독선에 흘러 몰인정한 인간이란 평을 듣기 쉽다. 분리(分離)·동요(動搖)·불안의 뜻을 지니고 있으므로 좋은 환경의 혜택을 받기 어렵다.

3획수 : 음양(陰陽)이 조화되어 길상(吉祥)으로 행복의 암시가 있다.

　재치와 적극성을 띠었으나 명랑·활달한 성격은 자칫하면 호탕하면서도 끈기가 부족하기 쉽다. 또 이지(理知)가 예민하고 통찰력이 뛰어난 점은 침착하면서도 박정에 치우치는 경향이 있다. 어떻든 운기(運氣)가 강하며 행운수를 타고 났지만 간혹 자기 도취에 빠져 가지고 의외의 함정에 빠지는 수도 있으므로 조심해야 한다.

4획수 : 곤궁 결핍(困窮缺乏)의 암시가 있다.

처음은 만사가 순조롭게 진행되어 이젠 안심이라고 생각될 즈음, 뜻밖의 재난을 초래할 운수이다. 다른 수의 관계에 의하여 단명(短命)·변사(變死)·발광(發狂) 등 좋지 않은 일이 생기기 쉬우며, 그렇게까지 되지 않더라도 신경 쇠약 또는 병고에 시달리게 되며, 또 건강하더라도 항상 번민과 우울증에 걸려 생기를 잃고 만다. 그러나, 성명수의 조화를 이룰 때에는 열녀·효자 또는 일대(一代)의 성공자로서 이름을 떨칠 길운(吉運)이다.

5획수 : 음양(陰陽)이 화합하여 복과 수(壽)를 겸비한 암시가 있다.

겉으로는 온화하고 내심은 강직하지만 사교술이 능하므로 신망이 두텁고 육체적으로 강인하여 병에 대해서 저항력이 강하다. 성명의 조화를 얻지 못하면 융통성이 없고 상식이 있는 듯하면서 의외로 무식한 결점이 있으며, 그 때문에 스스로 고독에 빠지고 만다.

6획수 : 천덕 지상(天德地祥)의 암시가 있다.

자연의 은혜와 조상의 음덕(陰德)을 입어 부귀 영화를 누린다. 성명이 조화를 보지 못하면 중년에 역경에 빠지는 수도 있으나 대체로 평생을 안락하게 보낸다. 여성의 경우는 원만한 가정을 이루지만 살림의 주도권을 잡기 쉽다.

7획수 : 독립, 독행의 암시가 있다.

　활동력이 풍부하여 자신을 가지며, 남의 의견을 받아들이지 않고 독립하는 경향이 있다. 능히 자수성가로써 가문을 일으킨다. 또 여성은 고집이 세고 팔자가 센 편으로 성명수의 조화가 잘 되면 현처(賢妻)가 되며 성명수의 조화를 이루지 못하면 소위 악처(惡妻)의 지탄을 받는다. 남성이건 여성이건 이 운수를 지닌 사람은 화합하는 정신을 기르도록 수양해야 한다.

8획수 : 인내와 진취의 암시가 있다.

　사교성이 뛰어나고 다소 외고집인 면이 있으나 의지가 굳세어 곤란을 무릅쓰고 목적을 달성한다. 끈기가 세고 사회생활에도 혜택을 입는데 다만 성명수의 배합에 따라서는 조난(遭難) · 검난(劍難)을 당할 염려가 있다.

9획수 : 예측하지 못할 재난을 당할 암시가 있다.

　병약 · 단명 · 역경의 운수로서 이러한 재난이 간혹 본인에게 직접 나타나지 않을 경우는 간접적으로 배우자가 자식들에게 나타난다. 또 성명수의 배합에 따라서는 우수한 기획성을 가지고 있어서 사회적으로 크게 성공하는 수도 있지만 어쨌든 비운에서 고민한다.

10획수 : 소득이 없는 공허한 암시가 있다.

　9획수와 같이 불운한 수로서 부자집에 태어났더라도 재산을 탕진하기 쉽고 일가 친척이 많아도 고독한 생활을 보내게 되며 또 자포자기에 빠지거나 범죄를 저지르는 사람이 되기 쉽다. 혹 사회적으로 큰 성공을 거두는 수가 있으나 대체로 9획의 경우와 같다.

11획수 : 봄을 만나 꽃을 피게 하는 암시가 있다.

순조롭게 발전하여 차츰 부귀 영달을 누릴 운수이다. 또 일가(一家)를 재흥(再興)할 운세를 가지고 있어서 둘째나 세째로 태어 났더라도 가장(家長)의 구실을 하게 되는데 남의 집 양자나 양녀로 들어가서 성명에 이 수를 얻으면 더욱 길하다.

12획수 : 중도에서 좌절할 암시가 있다.

큰 뜻을 품고 무리하게 발전하려고 하기 때문에 역량 부족으로 실패하고 만다. 사교술에도 능하여 처세에 있어서 훌륭한 솜씨를 보이지만 너무 조급한 나머지 일에 실패를 거듭한다. 사람에 따라 경박하고 허영심이 강하며 성실성이 없고 신용을 지키지 않는 경향이 있다. 단 성명수의 배합이 길하면 말년에 윗사람의 도움을 받아 무난한 생애를 마친다.

13획수 : 지달적(智達的) 능력이 많음을 암시한다.

원만한 상식과 종횡 무진한 재치, 어떠한 곤란도 곧잘 개척해 나아가 성공의 길을 걷는다. 또 예능 방면의 소질도 풍부하여 윗사람의 사랑을 받는다. 그러나, 성명수에 조화를 잃으면 얕은 지식을 자랑으로 하며 경거망동한 성격을 띤다.

14획수 : 이산 파멸(離散破滅)의 암시가 있다.

　가족운이 박약하며 고독·번민에 빠질 운수인 데, 그것도 이기적인 자기의 성질이 다분히 영향되어 있기 때문이다. 꼼꼼하고 의리에 밝은 점은 찬양할 일이나 너무 인색하고 타인에 대하여 지나치게 냉엄하기 때문에 친하기 어려운 감을 준다. 성명수의 배합이 좋으면 한 번은 성공하나 그래도 부족한 점이 많고 그 성공도 그리 오래 가지를 못한다.

　여성은 생활비를 바짝 줄이는 사람이 많고 또 정신적으로도 남편을 압박하며 가정 생활에 불화를 일으켜 파탄에 이끌기 쉽다.

15획수 : 수복(壽福)을 겸비한 암시가 있다.

　친화성이 있고 윗사람을 섬기기 때문에 인망이 두터우며 성공과 번영을 누린다. 다소 강정(强情)한 면이 있으나 상식이 풍부하기 때문에 처세에 원만하고 사회적 지위도 올라 나중에 행복을 얻는다. 가족운도 좋으며 자식복도 있는 획수로서 여성은 온후하고 시부모를 잘 섬겨 현모양처가 된다.

16획수 : 상서(祥瑞)의 암시가 있다.

　남의 어려운 처지를 즐겨 보살펴 주는 성격이 있고 곧잘 친절을 베풀므로 덕망이 있어 크게 성공한다. 그러나 때로 무리하게 일을 꾸며 나아가려는 기질이 있다. 여성은 온후하여 수복(壽福)을 누려 안락한 생활을 보낸다.

17획수 : 적극적·진취적인 암시가 있다.

7획수와 비슷한 수로서 자기의 신념을 강력히 추진하려는 경향이 있으므로 곤란을 초래하기 쉽다. 활동적이며 의지가 강한 점이 특성이나 지나칠 때에는 급한 성질을 나타내므로 이 점을 주의해야 한다. 이 수는 행운수이지만 노력에 의하여 길조(吉兆)를 보여준다.

여성은 기승(氣勝)을 부리는 면이 있어서 집안일보다도 때로는 남편을 능가할 만큼 밖에서 활동하는 경우도 있다.

18획수 : 강건 발전(剛健發展)의 암시가 있다.

의지가 굳세어 만난을 물리치고 명리(名利)를 얻을 수이지만 자아심(自我心)이 세어 도량이 좁기 때문에 고립되기 쉬운 결점이 있다. 성명수(姓名數)의 배합이 좋으면 사회적 지지를 얻어 높은 지위에 올라 출중한 인물이 되지만 그 배합이 좋지 못할 경우는 신경 쇠약 또는 발광(發狂) 등 불의의 재난을 당하는 수가 있다. 여성은 활동적이지만 지나치게 강정(强精)하여 팔자가 센 경향이 있다.

19획수 : 비극적인 암시가 있다.

두뇌가 명석하고 활동력이 풍부하여 일시적으로 성공을 거두더라도 유종의 미를 거두지 못하는 결함이 있다. 천재적인 재능을 갖추고 있으나 인생의 파란을 겪게 되고 육친과의 인연이 박약한 경향이 있다. 또 명이 짧거나 자살하는 사람도 있으며 여성은 색난(色難)으로 인하여 파경에 이를 우려가 있다.

20획수 : 실의 낙담(失意落膽)의 암시가 있다.

활동가지만 도량이 좁고 의지는 있어도 역량이 부족한 결함이 있다. 양친과의 인연이 박하고 처자 때문에 고생이 많으며 말년에는 고독·낙담 속에서 번민한다. 병약·단명이 아니면 불의의 재난을 당하여 마음이 편안할 때가 없다. 여성은 이성과의 관계에 의하여 전락(轉落)되는 수가 있다.

21획수 : 존영(尊榮)의 암시가 있다.

남을 위하여 성실을 다하는 성격이며, 부귀 공명으로써 사회적으로 높은 지위에 올라 명예를 얻을 격이나 처음은 고생을 겪고 나중에 복록을 누린다. 또 이성과의 문제로 번민하는 수가 있으며 여성에게 이 획수가 있으면 남편의 운수를 눌러 남편과 사별하든가 또는 자기 자신의 명이 짧아지기 쉽다. 그러나 남편을 얻지 않고 직업 전선에서 활약한다면 과부운이 아니고 두령운(頭領運)으로 작용함으로써 별지장이 없다.

22획수 : 입지 중절(立志中絶)의 암시가 있다.

초년에는 남부럽지 않게 행복한 운이지만 중년 이후는 차츰 쇠운에 빠질 경향이 있다. 또 처음부터 병약·무기력한 사람도 있으나 기력이 왕성하여 매우 활동적인 사람도 있다. 그러나 대체로 말년은 매우 고독할 격이다.

23획수 : 융창(隆昌) 발전할 암시가 있다.

빈곤 속에서 노력하여 지위 재산을 쌓을 호운(好運)으로서 드디어는 두령운(頭領運)으로 입신할 격이다. 말하자면 사환이나 혹은 낮은 신분으로 입사(入社)하여 중역에까지

출세할 획수인 바 기력이 왕성하고 재치가 있어서 남의 눈치를 보는데 빠르며 기민하다. 여성에게 이 획수가 있으면 21획수와 같이 과부운으로서 작용하며, 부부 중 어느 쪽이 불치의 병에 걸리든가 사별할 팔자이다.

24획수 : 무(無)에서 유(有)를 만드는 암시가 있다.

재주가 뛰어나고 금전운·물질운이 모두 좋으며 적수공권으로 재산을 모아 말년에는 크게 번창한다. 또 염복가(艶福家)로서 이것이 또한 행운과 복덕(福德)을 가져 온다.

25획수 : 영민(英敏), 편굴(偏屈)한 암시가 있다.

두뇌가 좋고 재치가 있으며 개성이 강하여 절도가 있는 사람이지만 말씨에 부드러움이 없어서 그 무뚝뚝함으로 인하여 경원(敬遠)받기 쉽다. 이 때문에 성공운을 가졌으면서도 그것을 충분히 발휘하지 못하므로 모든 면에 신중을 기하여야 한다. 고집을 세우는 것은 자기 스스로 행운을 깨뜨리는 결과가 된다. 여성의 경우도 꽤 똑똑한 며느리라는 평을 들으면서도 시어머니와의 사이가 좋지 않음으로 인하여 이별의 불행을 보는 수가 있다.

26획수 : 파란이 많을 암시가 있다.

지사(志士)·괴걸(怪傑)의 명칭이 붙는 운수인 바 대체로 실력·재능을 과신하여 자기 도취에 빠져 말년은 별로 행복하지 못하다. 부부운, 자식운도 좋지 못하며 한때의 성공을 추억하면서 말년을 쓸쓸히 보낸다. 또 소경이 되거나 도벽(盜癖)·폭음(暴淫)에 빠질 우려도 있다.

27획수 : 비난(非難)·중절(中絶)의 암시가 있다.

지모(智謀)와 노력에 의하여 중년까지는 순조롭게 발전하지만 자아심이 강하기 때문에 비난을 받고 불화를 조성하기 쉬우므로 발전에 지장을 준다. 온화한 성격이지만 은근히 악평을 받으며, 성명수의 배합에 따라 고독·형난(形難)·조난 등 재난이 있다. 여성은 팔자가 세어 남편을 대신해서 활동을 하게 되지만 그 노력을 평가받기보다는 구설을 듣는 수가 많다.

28획수 : 처자로 인한 고생이 많을 암시가 있다.

발전 성공운을 타서 한 때는 왕성한 운으로 크게 뻗어나지만 인생의 부침(浮沈) 변동이 많아서 남의 오해를 받기 쉽고 괜한 일로 신용을 잃기도 한다. 또 배우자의 인연이 박하고 생이별 또는 사별이 있을 것이며 혹은 처자가 병약하기 때문에 마음 걱정이 그치지 않는 경향이 있다. 이 획수는 27획수와 비슷하여 지나치게 강정(强情)하고 화합이 없어 고독·형벌·살상의 암시를 띤다.

29획수 : 불편 불만의 암시가 있다.

지모(智謀)가 뛰어나고 활동적이며 재력도 충분하고 눈치를 잘 살피어 처세술에 능하기 때문에 영화를 누릴 길조(吉兆)가 있으면서도 항상 불평·불만을 품고 있어서 그로 인하여 앞길을 그르칠 염려가 있다. 그러나 자중하여 일을 잘 꾸미면 말년에 부귀영화를 누린다.

30획수 : 길흉(吉凶) 반반의 암시가 있다.

춘몽부침운(春夢浮沈運)으로서 길흉을 예측하기 어려운 수다. 신분에 넘치는 야망을 안고 흥망의 극단을 걷는 모험을 한다. 오행 운수가 들어맞아서 성공을 거두는 수가 있는 반면에 또 크게 실패하여 파경에 이르는 수도 있다. 그러므로 투기적인 사업에는 신중을 기할 것이며, 만일 성공했을 때는 손을 떼고 물러나 자기 위치를 지키도록 하지 않으면 어느새 성공을 잃고 만다.

31획수 : 대업을 성취할 암시가 있다.

의지가 견고하고 굽힘이 없으며 날카로운 명찰력(明察力)으로 사물을 판단하여 대세를 그르치는 일이 없다. 지(智)·인(仁)·용(勇)의 삼덕(三德)을 구비하여 두령이 될 소질이 있으며, 대중의 지지를 얻어 높은 자리에 오를 덕망을 갖추었다. 영달의 길운수(吉運數)이다.

32획수 : 요행의 암시가 있다.

기회를 얻어 일약 성공할 수이다. 단, 상사(上司)의 원조·후견(後見)에 힘입은 바 많으므로 자기의 역량을 과신하여 오만하게 된 나머지 남의 경원(敬遠)을 받게 되면 성공의 기초도 무너지기 쉽다. 자만심을 삼가며 겸양의 미덕을 쌓으면 부귀 영화를 누릴 수 있다.

33획수 : 길흉 표리(吉凶表裏)의 암시가 있다.

타고난 복운과 호탕한 기풍으로 명성을 천하에 떨칠 길운수(吉運數)이지만 한편 자칫하면 전락(轉落)의 운명을 걸을 위험이 있다. 운수가 매우 왕성하기 때문에 범인으로는 벅

찬 수이며, 여성으로서 이 수가 있으면 남편의 운을 깨뜨려 불운하게 된다. 그러므로 선천운(先天運)과 조화를 맞추도록 할 것이다. 종교가·예술가에게는 길수이다.

34획수 : 암흑·파멸의 암시가 있다.

불운수로서 심기(心氣)의 소모, 운기(運氣)의 침체 기타 여러 가지 재난을 당하기 쉬우며 성명수의 배합에 따라서는 일시적인 성공을 보는 수도 있지만 얼마 안 가서 곤란과 병환에 시달려 쇠망하고 만다. 또 기인(奇人)이 많고 단명·병약·발광 등 불행을 가져올 운수이다.

35획수 : 온순 태평의 암시가 있다.

학자·연구가·문학자·교육가에게는 길조(吉兆)의 수로서 이름을 널리 떨치는 사람이 많으며 그 밖의 직업으로서는 기력과 위세를 떨치지 못할 것이다. 대사업을 일으키려는 데는 담력과 계략이 부족하며, 여성에게 이 수가 붙는 경우는 집안일을 잘 보아 내조의 공을 세운다.

36획수 : 협기(俠氣) 파란의 암시가 있다.

영웅운으로서 인생의 부침이 많으며 남을 위한 정의(正義)가 두터워 때로는 일세의 풍운아로서 군림하는 수도 있으나 움직이면 움직일수록 파란 곡절을 겪어 유전(流轉)이 심하다. 성명수의 배합에 따라서는 단명·병약·재액(災厄)을 만날 수이다.

37획수 : 권위·성실의 암시가 있다.

독립·단행(單行)으로 신망을 모아 만난을 물리치고 대업을 달성하며 평생 부귀와 영화를 누린다. 그러나 한편 한 가지 일에만 너무 열중하여 다른 일은 돌보지 않기 때문에 어느덧 고립되는 입장에 빠지기 쉽다.

38획수 : 평범무난(平凡無難)의 암시가 있다.

대망을 품고 있으면서 두령격(頭領格)이 못 되기 때문에 큰 뜻을 이루지 못한다. 의지는 있으나 힘이 부족한 점이 있어 무리를 하면 도리어 재난을 당한다. 자기 역량의 한도를 예측하고 분수를 지키면 후반생을 편안히 지낼 수 있다. 이 운수는 권력적 방면은 가망이 없고 문학·기술·예능 방면에 움직이면 이름을 떨칠 수가 있다. 여성은 현부인이 될 격이다.

39획수 : 장수(長壽)의 암시가 있다.

변동을 겪은 다음은 운기(運氣)가 평탄하여 재력과 덕망을 얻고 더욱이 권력을 갖추어 중인(衆人)을 거느리며 위세를 떨친다. 그러나 극성(極盛) 중에도 극쇠(極衰)의 운을 포함하기 때문에 매우 경계하여야 할 운세이다. 여성에게 이 수가 붙으면 운기가 지나쳐서 남편의 운세를 깨뜨린다.

40획수 : 부침 유전(浮沈流轉)의 암시가 있다.

재지(才智)가 많고 담력이 뛰어나 투기 사업에서 크게 성공하는 수도 있으나, 오래 가지 못한다. 대체로 성질이 불손하기 때문에 인망을 얻지 못하며 득세할 때는 남이 따르지만 한 번 몰락하면 누구나 상대해 주지 않는다.

41획수 : 순양 길경(純陽吉慶)의 암시가 있다.

인품이 뛰어나고 영특하며 담력과 지모를 갖추어서 능히 큰 뜻을 이룬다. 사물을 분별하는 데 선견 지명이 있어 중년에는 다소의 파란을 겪을 것이나 감히 이겨 나아가 명리를 얻는다.

42획수 : 고행 실의(苦行失意)의 암시가 있다.

박달(博達)하고 취미나 예능의 소질이 있어 무엇이나 능하지만 깊이가 없어서 좌흥(座興) 정도에서 그치는 경향이 있다. 대체로 의지가 박약하고 남의 말에 현혹되기 쉬우며 항상 마음이 편하지 못하다. 그러나 단단히 결심하고 염심히 일을 해 나아간다면 어느 정도 성공을 거둘 수도 있다.

43획수 : 산재(散財) · 고뇌의 암시가 있다.

의지가 박약하여 재주는 있으면서 뜻대로 되는 일이 없고, 산재(散財)가 많으며 아무리 벌어도 재산을 모으지 못한다. 겉으로는 행복하게 보여도 내면적으로 고민이 많고 이성 관계로 인하여 방탕에 흐르기 쉬우며 전락(轉落)의 길을 걷게 된다.

44획수 : 비운의 암시가 있다.

지능이 예민하여 수재 · 발명가가 나올 수이나 한 번 방향을 잘못 잡으면 사기 또는 횡령으로써 스스로 신세를 망치게 되며, 가족과의 이별 · 병고 · 조난 등 재난으로 고생한다. 성명수의 배합에 따라서는 실명 · 발광 · 단명 등 흉운에 빠지기 쉽다.

45획수 : 순풍에 돛을 단 암시가 있다.

두뇌가 명석하고 재치가 뛰어나 능히 큰 뜻을 이루어 대성할 운수이나, 성명수의 배합이 좋지 않으면 기회를 기다리지 못하고 무리로 움직여서 운수를 역전시키는 수가 있다. 또 사람에 따라서는 어딘지 서먹서먹한 감을 주기도 하나 사귀고 보면 꽤 친절하고 성실한 면이 있다.

46획수 : 불여의(不如意)한 암시가 있다.

고학 역행(苦學力行) 끝에 지위와 재산을 쌓고 또 명성을 떨치는 수도 있으나 중년 이후는 급변과 재액으로 인하여 생명과 재산을 잃을 수 있다. 성명수의 배합이 좋지 못하면 정력의 결핍·신경쇠약 등의 징조가 나타나 성공은 커녕 고독·단명으로 끝날 운명이 된다.

47획수 : 춘풍에 개화(開花)할 암시가 있다.

단독 사업보다는 공동 사업으로 성공을 거두며, 또 타인의 사업이나 뒤를 이어 큰 복을 얻는 등 행운을 타고난 운수이다. 모든 일이 순조로워 영화를 누릴 뿐 아니라 자손에게도 여경(餘慶)을 이어 준다.

48획수 : 고문(顧問)·상담역(相談役)의 암시가 있다.

지모가 깊고 재치가 있으며, 성실과 덕망이 넓어서 명리영달(名利榮達)을 누린다. 자기 스스로 사업을 일으키기 보다는 남을 선도하는 입장에서 고문이나 상담역의 역할을 하면 복덕을 잃지 않는다.

49획수 : 성쇠가 교차할 암시가 있다.

순풍에 돛을 달면 성공하여 영달하지만 말년에 이를수록

흉운으로 재해·손실이 속출하여 크게 고생한다. 성명수의 배합에 따라서 다소 흉액을 면할 수 있지만 대체로 길(吉)한 편은 못 된다. 일단 성공했을 때에는 신중을 기하여 은퇴하는 편이 났다.

50획수 : 처음은 길하나 나중은 흉할 암시가 있다.

성명수의 배합에 따라서는 대업을 성취하고 부귀를 누리지만 그 지위나 재산은 오래 가지 못하며 말년에 극심한 실패를 거듭하여 패가 망신을 초래한다.

51획수 : 한 때의 영화가 꿈으로 돌아갈 암시가 있다.

일생 중 한 번은 길경(吉慶)을 만나 명리를 얻어 번창하지만 흉조(凶兆)를 내포하고 있기 때문에 길흉(吉凶) 상반(相半)으로 말년에는 쇠망의 길로 들어선다.

52획수 : 비약적 발전의 암시가 있다.

운세가 강대하여 아무리 어려운 일이라도 능히 극복하여 성공한다. 계획·착상(着想)에 뛰어나 투기적인 사업에도 성공하며 일대(一代)의 부(富)를 쌓는 이가 많고 고매 영준(高邁英俊)함과 탁월한 식견을 가진 공명 이달(功名利達)의 명수(命數)이다.

53획수 : 부침 유전(浮沈流轉)의 암시가 있다.

표면은 거창스러우나 이면은 궁핍에 쌓이고 겉으로는 행복스러운 듯 보이나 내심은 번민이 많을 격이다. 전반생이 행복하면 후반생이 불행하고 전반생에서 몹시 불운하여 고생이 많았으면 후반생에서 편안하다.

54획수 : 진퇴가 막힐 암시가 있다.

명문(名門) 부호의 집안에 태어났더라도 박행(薄幸)한 사람이 많고 드디어는 그 재산을 탕진하게 된다. 또 불구 · 고독 · 단명 · 횡사의 액운을 띤 흉악한 운수이나 드물게는 열부 · 효자를 배출하는 수도 있다.

55획수 : 극성(極盛) · 극쇠(極衰)의 암시가 있다.

다사다난한 인생 항로에서 분발 노력 끝에 크게 성공하여 명리 영달을 누리지만 너무나 그 번영이 지나쳐 흉조(凶兆)가 발생하며 내부에 재해가 속출하여 마음이 편안할 날이 없다. 이 때문에 말년에는 고생을 많이 한다.

56획수 : 막힘이 많은 암시가 있다.

사업을 일으키려면 뜻대로 되지 않아 난관에 곧잘 부닥친다. 일이 잘 성취되지 않으므로 용기와 진취성이 결핍되고 중년 이후는 자츰 쇠퇴하여져서 말년에는 재액 · 손실 · 불행 속에서 보내게 된다.

57획수 : 흉(凶)에서 길(吉)로 바뀌어질 암시가 있다.

자연의 혜택을 입어 부귀 영달할 운수이나 한 번 지독한 고난에 부닥쳐 구사일생을 겪은 뒤에 모든 일이 뜻대로 행하여진다. 그러나 성명수의 배합이 좋지 못하면 재기 불능에 빠지고 만다.

58획수 : 칠전팔기의 암시가 있다.

무일분(無一分)에서 대업을 일으키며 또는 큰 실패 뒤에 다시 번영을 누리는 부침소장(浮沈消長)이 격심한 운수이지만 말년에는 유종의 미를 거두어 행복을 누리는 팔자이다.

59획수 : 정돈(停頓) 침체의 암시가 있다.

의기 소침하고 용기와 인내심이 결핍되어 발전성이 없으므로 성공의 길이 아득하다. 손실·파산·실의·역경·액난의 운수로서 일생을 고난 속에서 보낸다.

60획수 : 고성 낙일(孤城落日)의 암시가 있다.

앞길이 까마득하고 고립되어 원조가 없으며 계획하는 일마다 실패로 돌아가 재액이 속출하여 무의무탁·극도의 곤궁에 빠지고 만다. 또 경우에 따라서는 살상·병약·단명에 이르는 수도 있다.

〈주〉 **길명(吉名)의 조건** 성자(姓字) 외의 각 격(格=名格·天格·外格·總格)이 모두 길수(吉數)라야 하며 배합의 조화를 얻어야 한다.

제2편

작명과 해명

제1장 음양의 구분과 오행

1. 음양의 구분

○는 양으로 표시하고 ●는 음으로 표시한다.(字劃數)
1, 3, 5, 7, 9, 11, 13 … 27 … 39 등 홀수는 양(○)이 되고 2, 4, 6, 8, 10, 12, 14 … 22 … 40 등 짝수는 음(●)이 된다.

2. 오 행

천간순오행(天干順五行)과 음오행(音五行)을 성명에 병용한다.

천간순오행(天干順五行) : 1·2갑을(甲乙) 목(木), 3·4병정(丙丁) 화(火), 5·6무기(戊己) 토(土), 7·8경신(庚辛) 금(金), 9·10임계(壬癸) 수(水)

福 (복복·14획) 박약, 재화   德 (큰덕·15획) 박덕, 불행
虎 (범호·8획) 고독, 무자   夏 (여름하·10획) 파란, 불성
子 (아들자·3획) 가정불화   山 (뫼산·3획) 고독, 곤궁

乭 (돌돌 · 6획) 하천, 불우

秋 (가을추 · 8획) 박명, 불우   吉 (길할길 · 6획) 불화, 조난

川 (내천 · 3획) 고독, 곤궁   仁 (어질인 · 4획) 박약, 불우

冬 (겨울동 · 5획) 불진   榮 (영화영 · 14획) 불신, 재화

石 (돌석 · 5획) 불성, 박약   美 (아름다울미 · 9획) 불신, 파란

花 (꽃화 · 10획) 허영, 박명   蘭 (나초란 · 23획) 고독, 고질

3. 오행(五行)으로 이름 짓는 법

앞에서 만물을 획수로서 성명을 지었는데 여기서는 목 · 화 · 토 · 금 · 수(木 · 火 · 土 · 金 · 水)의 오행(五行) 작용으로 이름짓는 법을 설명하기로 한다.

4. 오행(五行)의 상생(相生) · 상극(相剋)과 상비(相比)

(1) 오행상생(五行相生) : 길(吉)한 것.

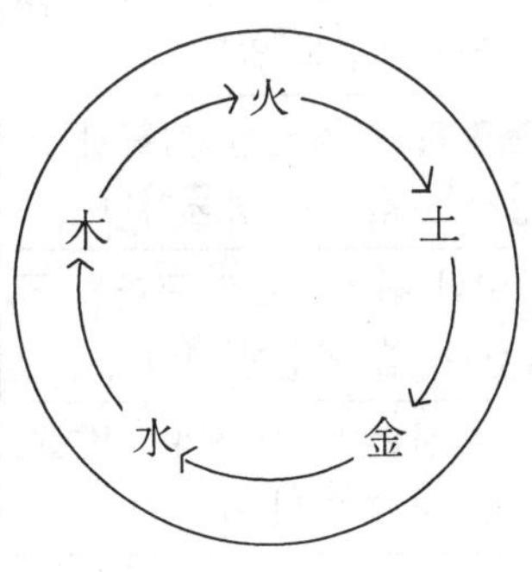

목(木)은 화(火)를 생한다(木生火)

화(火)는 토(土)를 생한다(火生土)

토(土)는 금(金)을 생한다(土生金)

금(金)은 수(水)를 생한다(金生水)

수(水)는 목(木)을 생한다(水生木)

46

(2) 오행상극(五行相剋) : 흉(凶)한 것

목(木)은 토(土)를 극한다(木剋土)
토(土)는 수(水)를 극한다(土剋水)
수(水)는 화(火)를 극한다(水剋火)
화(火)는 금(金)을 극한다(火剋金)
금(金)은 목(木)을 극한다(金剋木)

(3) 오행상비(五行相比) : 나쁜 운

목비목(木比木)·토비토(土比土)·화비화(火比火)·금비금(金比金)·수비수(水比水)와 같이 서로 조화를 이루고 있다.

五行			해　　설
木姓	어금니 소리	ㄱㅋ	견실하고 독보적인 지반을 닦아 성공한다. 자존심이 강하다.
火姓	혓소리	ㄴㄷㄹㅌ	명랑하고 재치가 있으며 괴변성이 있다. 다소 경솔한 단점도 있다.
土姓	목구멍 소리	ㅇㅎ	독실하고 온후하며 치밀한 계획과 노력으로 대성하는 침착한 성품이다.
金姓	잇소리	ㅅㅈㅊ	용감하고 강인한 실천력으로 곤란을 극복하여 성공한다. 좀 냉정한 편이다.
水姓	입술 소리	ㅁㅂㅍ	사물에 임기응변하며 지모가 있으므로 의심증을 가지고 있다.

(1) 浩(넓을호) ― ㅎ ― 土

　　榮(영화영) ― ㅇ ― 土

　　金(쇠금) ― ㄱ ― 木

(2) 鎬(좋을호·호경호) ― ㅎ ― 土

　　光(빛광) ― ㄱ ― 木

　　林(수풀림) ― ㅇ ― 土

(3) 道(길도) ― ㄷ ― 火

　　明(밝을명) ― ㅁ ― 水

　　趙(조나라조) ― ㅈ ― 金

제2장 성명의 길흉

1. 음양의 길흉

○○○ 순양으로 불량한 배치(고독, 불구, 자살, 피살)
●●● 순음으로 불량한 배치(고독, 참사, 말년 곤궁)
○○● ○●● ●●○
　　　　　　　　　음양이 조화되어 길한 배치
○●○ ●○○ ○●○

이것은 자의 획수로 음양을 구분한 것이다.

2. 5행의 길흉

(1) 오행 상생격(五行 相生格)(상생되어 길한 배치)

金水金	金土金	金金水	金水水	金土火	金金土	金水木	金土土
木水木	木木火	木木水	木水水	木火火	木火土	木火木	木木金
水水金	水木火	水金水	水木水	水木木	水金金	水金土	水水木
火土火	火火木	火木火	火火土	火木水	火土土	火木木	火土金
土金土	土金水	土土金	土金土	土土火	土火木	土火火	土金金

(2) 오행 상극격(五行 相剋格)(상극되어 불길한 배치)

金木金	金金火	金木木	金火火	金金木	金火金	金木土	金火水
木土木	木金金	木木土	木金木	木土土	木木金	木土金	木金火
水火水	水火火	水水火	水土土	水水土	水土水	水火金	水土木
火火水	火水水	火金金	火火金	火金火	火水火	火金木	火水土
土土木	土木土	土木木	土水土	土土水	土水水	土水火	土木金

(3) 오행 상비격(五行 相比格)

金土水	金水土	金火土	金木木	金金金
木火水	木金水	木水火	木木木	木土火
水火木	水土金	水金木	水水水	水木金
火金土	火水木	火木土	火土木	火火火
土水金	土金火	土木火	土火金	

(4) 오행 배치(五行 配置)의 운상(運相)

金金金＝재주와 뜻이 높으나 부부 불화로 고독하다.

金金木＝성품이 강하고 겉과 속이 다르며 재화가 많다.

金金水＝외유내강하고 불의의 재화가 따르며 조난을 당한다.

金金火＝편협된 성격에 자포자기를 잘하고 심신이 과로하다.

金金土＝도량이 좁으나 심신이 건전하여 성공은 용이하다.

金木金＝성품이 민감하고 의심이 많아 신경쇠약의 우려가 있다.

金木木＝의심이 많고 남과 사귀지 못하나 기초는 튼튼하다.

金木水＝민감하고 인내력이 있으며 난치병으로 고생한다.

金木火＝의심과 불평이 많다. 뇌병, 발광, 단명, 변사 등.

金木土＝윗사람에 불경, 실패, 심신 과로, 신경쇠약 등.

金水金＝부모의 음덕으로 성공이 쉽고 재원이 풍부하다.

金水木＝온후. 부모나 선배의 도움으로 의외의 성공도 한다.

金水水＝재략이 있으나 활동력이 결핍, 의외의 성공수가 있다.

金水火＝노력가. 신경질, 횡액, 처자극하고 성패 다단하다.

金水土＝잘난체하고 교만. 성공이 어렵고 병약, 단명, 변사.

金火金＝교만. 여자는 방탕. 부상, 신경쇠약, 폐병 등의 수.

金火木＝잘난체하는 것이 결점이나 성실하다. 폐병, 단명.

金火水＝우아하고 고집이 세다. 부상, 조난, 파산 등의 액운.

金火火＝허영심, 일시적 성공. 매사에 내구력이 결핍.

金火土＝거만, 자부심. 성공이 어렵다. 폐, 뇌병, 발광 등.

金土金＝명예를 좋아하고 신용이 있다. 성공 순조, 명망 등.

金土木＝처음은 성공하여 목적을 달성하나 곧 실패. 위병.

金土水＝거짓이 많으므로 일시적 성공을 하나 곧 실패한다.

金土火＝교묘히 자기 잘못을 숨긴다. 아첨하는 소인의 무리.

金土土＝승벽심. 노력가이며 만사가 여의하니 복록이 많다.

木金金＝지략이 많고 자부심이 강하며 말이 적다. 고독.

木金木＝고집이 세고 사교성이 없으므로 발전이 어렵다.

木金水＝말이 적고 변태적. 곤액이 중중하고 성공이 늦다.

木金火＝세정에 어둡고 자포자기하므로 성공운이 더디다.

木金土＝성공운이 더디나 전심 노력하면 발전한다.

木木金＝재물보다 의리를 존중하며 사교력이 부족하다.

木木木＝총명하고 인내력이 강하며 목적을 달성한다.

木木水＝감수성, 이해력, 일시적 성공. 가정은 원만함.

木木火＝도량이 좁고 감정 예민. 종신 장수 부귀한다.

木木土＝친절, 인내력. 기초가 튼튼하고 성공이 용이하다.

木水金＝잘되는 일에 마가 많다. 매사에 주의력이 필요.

木水木＝온후하고 상하를 막론하고 친절하다. 순탄함.

木水水＝자기 본위로 행동하는 고집이 있다. 총명하다.

木水火＝민감, 신경질. 처자 극하고 괴변이 일어난다.

木水土＝잘난체하고 오만하다. 급변, 조난, 불의의 재앙.

木火金＝허영심, 아랫 사람의 배반, 수고하나 공이 없다.

木火木＝변태적인 성격, 윗사람의 덕으로 성공, 발전.

木火水＝투쟁심이 강하여 일시적 성공과 손재주가 많다.

木火火＝급하고 변태적이며 인내력 결핍. 여색을 주의.

木火土＝낭만적이고 사교적, 심신 안정에 장수 부귀한다.

木土金＝세심하고 소극적이며 활발치 못하다. 색난, 위병.

木土木＝호기심, 이변적, 고독. 위병, 발광, 신경쇠약, 폐병.

木土水＝보수적이지만 성실하다. 뇌일혈, 심장마비, 변사.

木土火＝호기심이 많고 인내력이 있어 역경에서도 성공한다.

木土土＝내성적이고 후중하나 성공이 어렵고 염세가이다.

水金金＝재략이 출중하여 성공이 빠르나 시비구설이 많다.

水金木＝예민하고 세심하며 의심이 많다. 변동, 조난 등.

水金水＝온순하고 욕심이 적다. 여자는 순덕이 현철하다.

水金火＝언동이 경박하고 자중성이 없으며 자포자기한다.

水金土＝총명하고 심신이 건전하며 매사가 여의하다.

水木金＝마음이 연약하고 신경 과민. 인정에 끌려 자기 희생.

水木木＝외유내강하고 의뢰심이 많으나 선배의 혜택을 입음.

水木水＝초년 곤고하고 중년에 성공하며 말년에 병액이 있다.

水木火＝감수성이 강하고 이해력이 있는 듯하나 겉치레.

水木土＝온화공순하고 지략이 출중하여 성공이 쉽다.

水水金＝기초가 튼튼하고 명예가 다르나 병약 단명한다.

水水木＝자기를 과신한다. 대개 황당하고 변괴가 많다.

水水水＝공을 내세우기 좋아하고 병약 단명하다.

水水火＝신경질이 많고 자기 과신을 잘하며 급변사가 있다.

水水土＝총명하나 잘난체하고 거만하며 자기 과신한다.

水火金＝민감하고 소심하다. 병액이 많고 처자 극한다.

水火木＝조급하고 민감하나 친절하다. 돌발적인 재액이 많다.

水火水＝잘난체하고 승벽심이 많다. 성공운에 장애 많음.

水火火＝정직하나 급하여 성패 다단하다. 처자 이별, 단명.

水火土＝기초가 견실하나 성공이 어렵고 절처봉생한다.

水土金＝자존심이 강하고 소극적임. 의외의 재난이 있다.

水土木＝오만하고 허영심이 많다. 파란, 곤궁, 질병, 단명.

水土水＝허영심, 책임감 부족. 위병, 안질, 심장마비 등.

水土火＝승벽심, 매사에 장애가 많다. 지구력이 없음.

水土土＝곤난을 배제하고 일시 성공하나 마침내 실패함.

火金金＝출중한 재주가 있다. 하지만 세상에 적용하지 못한다.

火金木＝감정이 예민하고 의심이 많으며 소심하다.

火金水＝의심이 많고 민감. 부상, 조난, 타상 등의 액운.

火金火＝언어와 행동이 방자하고 자포자기에 빠진다.

火金土＝총명하고 의심이 많으며 남의 비평을 잘한다.

火木金＝신경이 과민하고 박력이 없다. 일시적인 성공뿐.

火木木＝귀인의 도움으로 기초가 튼튼하여 목적을 달성.

火木水＝외유내강. 비록 성공운이 있으나 일시적이다.

火木火＝소심. 무사평안하고 성공이 용이하여 장수 부귀.

火木土＝여색을 즐기고 사교적이며 매사가 순조롭다.

火水金＝책임감이 있고 공세우기 좋아하며 불평을 잘함.

火水木＝소심하고 고집이 세며 파란과 급변이 따른다.

火水水＝자존심이 강하고 승벽심이 있으며 인내력 부족.

火水火＝책임감이 없고 신경질이 많다. 뇌일혈, 심장마비.

火水土＝자만심과 고집이 많다. 번뇌, 단명, 병약하다.

火火金＝사치와 허영심과 여색을 즐긴다. 성패가 빈번.

火火木＝남과 같이 동업하면 순조롭게 성공 발전한다.

火火水＝조급하고 신경질적이며 소심하다. 실물, 변괴.

火火火＝정열적이고 인내력이 부족하나 일시적으로 성공한다.

火火土＝온후. 겉보기는 길하나 내면은 재난에 빠진다.

火土金＝원만하고 신용이 있다. 중년에 바람을 피운다.

54

火土木＝친절. 재물이 흩어지고 위장병 등으로 고생한다.

火土水＝수단이 좋고 거짓이 많다. 급성 위병, 심장마비.

火土火＝충실하고 친절해서 윗사람의 도움으로 성공한다.

火土土＝조상이나 윗사람의 덕으로 행운을 얻게 된다.

土金金＝국량이 좁고 자만심 강함. 성공운이 길함.

土金木＝소심하고 의심이 많으며 민첩하다. 외부내빈격.

土金水＝거만하다. 아첨으로 일시적 성공을 하지만 곧 실패.

土金火＝불안정하여 자포자기한다. 폐질, 가산파탄 등.

土金土＝윗사람의 혜택과 아랫사람의 부조로 성공한다.

土木金＝거주지를 자주 옮기고 부하의 배반, 고심 노력한다.

土木木＝외유내강하고 고집이 세며 의심이 많다.

土木水＝비록 정직하고 노력가이나 손재와 재앙이 있다.

土木火＝성공이 늦으나 적극 노력하면 늦게 목적 달성

土木土＝고집이 세어 세상의 풍습에 조화를 못 이룬다.

土水金＝잘난체하고 아랫사람에게 가혹하며 말이 많다.

土水木＝온후 침착하고 재략이 있으나 활동력이 부족.

土水水＝비위가 좋아 뻔뻔스럽다. 노력이나 공이 없다.

土水火＝민감하고 신경질파. 재주가 있으나 활동력 부족.

土水土＝지략이 있으나 활동력 부족. 뇌일혈, 심장마비.

土火金＝급하고 강직하며 매사에 고려성이 부족하여 실패.

土火木＝적극적이다. 심신이 편안하고 대업을 성공한다.

土火水＝소심하고 신경과민. 뜻밖의 변사가 자주 일어난다.

土火火＝승벽심이 많고 노력과 인내력이 부족하다.

土火土＝적극적인 노력가. 기초가 튼튼하여 목적 달성.

土土金＝소극적이며 여자는 정조관념이 약하다. 성공이 늦음.

土土木＝정직하고 자부심이 강함. 변태적이므로 자주 이동.

土土水＝개성이 강하다. 위병, 뇌일혈, 심장마비, 변사 등.

土土火＝정직하고 노력가이나 만란을 겪은 뒤에 성공한다.

土土土＝융통성이 적고 성공이 늦으나 대체로 평탄하다.

제3장 성명의 구성

1. 1자 성, 2자 명

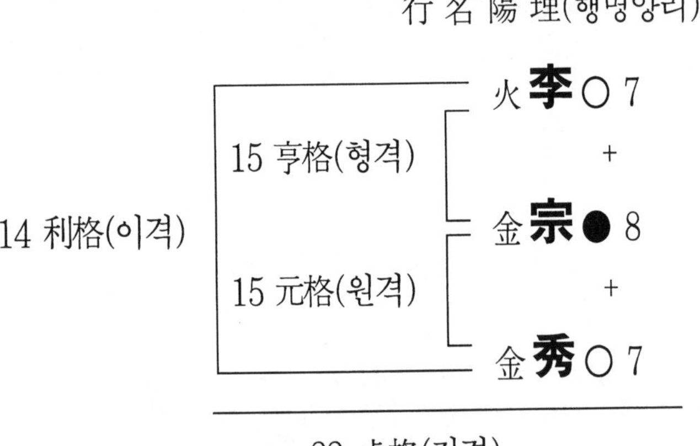

※ 元格(地格) 春＝幼年

※ 亨格(人格) 夏＝靑年

※ 利格(天格) 秋＝壯年

※ 貞格(總格) 冬＝老年

2. 1자 성, 1자 명

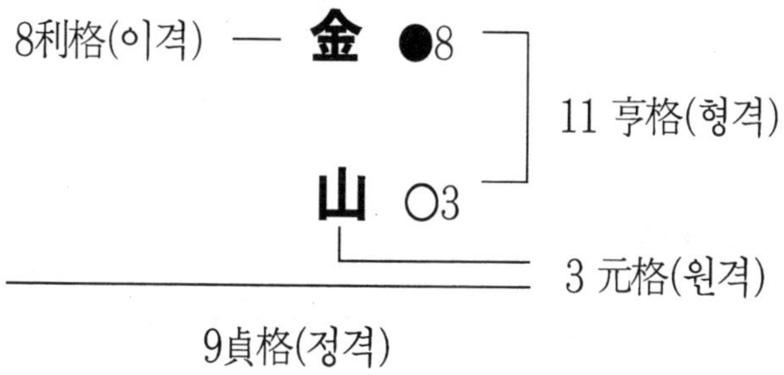

3. 2자 성, 2자 명

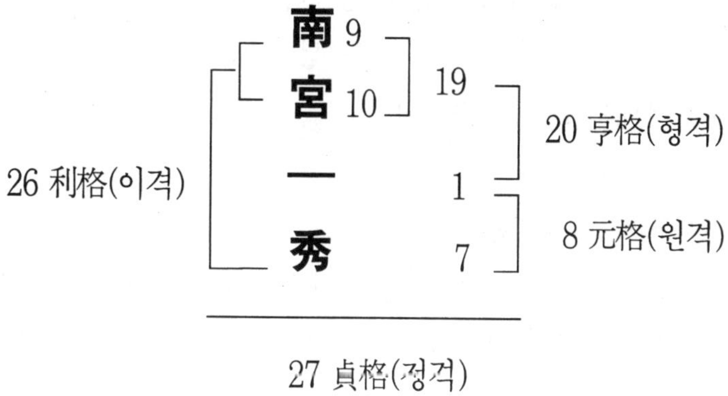

이상의 예로 성명 조직상 가장 중요한 점을 기입했다. 그리고 첫째 자획의 음양을 표시하고 원형리정(元亨利貞)의 격을 기입하여 작명 및 해명했다.

제4장 수리(數理)의 운상(運相)

1. 기본격(基本格)

위인이 건강, 부귀, 명예, 장수. 행복한 대길수로서 가히 큰 성공을 하게 된다.

2. 분리격(分離格)

비록 재략이 있으나 끝내 성공하지 못하고 역경 속에 깊이 빠져 고생한다. 그리고 처자와 생이별하고 고독 속에서 허송 세월 보내는 불길한 수리이다.

3. 형성격(形成格)

지모가 있고 도량이 넓으며 과단성과 활동력이 왕성하므로 대업을 이룩하여 권위가 사해에 드날리니 만인이 우러러 보는 지도자의 위치에 임한다.

4. 부정격(不定格)

어둡고 과단성이 부족하여 성공이 어렵다. 비록 성공할지라도 곧 실패하니 곤고가 막심하고 배우자도 이별하며 패가 망신하고 타관으로 방황하게 된다.

5. 정성격(定成格)

지덕을 겸비하고 온후 정직하다. 학문에 능통하여 일찍 공
문에 출입하게 되며 점점 그 명망이 높아 천하에 이름이 진동
하는 수리이다.

6. 계성격(繼成格)

부모조상의 음덕이 있다. 귀인의 도움으로 집안이 융창한
다. 다만 의지가 굳지 못한 결점이며 수양력을 기르라. 그리고
남녀가 모두 호색가이다.

7. 독립격(獨立格)

독립심이 강하나 동화력이 부족하다. 자만심이 있고 굳센
의지력이 있다.

8. 개물격(開物格)

부지런하고 노력심과 인내력이 있으므로 어려운 난관을 잘
극복한다. 다만 성격이 지나치게 완고하므로 불의의 손해도 보
게 된다.

9. 궁박격(窮迫格)

궁박 곤핍한 수이다. 부모와의 인연이 박하여 생리 사별하
고 혹 단명하기도 한다. 여자는 화류계가 되기 쉬우며 결혼 후
에도 남편과 이별하기 쉽다.

10. 공허격(空虛格)

모든 일이 종결된다는 수리이다. 조실부모하고 재산도 실패하고 결혼도 실패하며 질병으로 고생하거나 단명한다. 여자는 창녀가 안 되면 상부한다.

11. 신성격(新成格)

새싹이 봄을 맞이한 격이다. 위인이 온건 착실하므로 큰 사업을 발전시킨다. 특히 이 수는 집안을 다시 일으키는 운이다. 그리고 양자를 두기 쉽다.

12. 박약격(薄弱格)

의지가 박약하고 가정 인연이 박하므로 일신이 고독하다. 심지어는 병약하여 요절하는 비운을 초래하게 되는 염려가 있다.

13. 지모격(智謀格)

위인이 총명하니 학식과 재능이 출중하다. 인내력이 강하므로 비록 어려운 일을 당할지라도 침착하게 처리하는 명철한 두뇌의 소유자이다.

14. 이산격(離散格)

가정 인연이 박하여 형제 자매가 흩어진다. 모든 일이 수고만 있고 공이 없으며 범사가 뜻처럼 잘 안 된다. 그리고 고독,

단명 형액도 내포한 운이다.

15. 통솔격(統率格)

온순하고 덕망이 높으며 겸손하다. 능히 윗사람의 신용을 얻어 이끌어 주므로 큰 포부와 큰 사업을 성취하고 입신 출세하는 길한 수이다.

16. 덕망격(德望格)

총명한 두뇌로 대업을 완수하여 뭇사람의 명망을 한 몸에 지니고 부귀 영달한다. 색정에 빠져 실패하기 쉬우니 이 점을 주의하라. 혼인이 늦다.

17. 건창격(健暢格)

성격이 강하고 고집이 세다. 모든 일을 평화롭게 처리하라. 어떠한 어려운 일이 있을지라도 능히 돌파하고 크게 성공한다. 한편 남녀간에 방탕성이 있다.

18. 발전격(發展格)

자부심이 강하고 의지가 굳으므로 모든 장애를 물리치고 목적을 달성한다. 결혼운은 좋으나 다만 첫번 연애는 실패한다.

19) 고난격(苦難格)

풍운이 달빛을 가린 격이으로 고초가 중중하다. 비록 지혜

가 있을지라도 중도에서 장애로 좌절당한다. 귀인의 도움을 받
지 못하고, 형액, 이별, 정신 이상 등을 일으킬 수 있는 불길한
수이다.

20. 허망격(虛望格)

공허하여 실속이 없는 수이다. 재앙이 중중하고 가족이 화
목하지 못하며 혹은 부부 이별, 부모 이별, 병약, 단명, 자녀
들의 근심 등 흉한 수리이다.

21. 두령격(頭領格)

독립심이 강하고 권위가이 있다. 남의 윗자리에 임하여 두
령이 되는 운이며 여러 사람의 존경을 받는다. 다만 여자는 부
부운을 극하므로 불길하다.

22) 중절격(中折格)

가을풀이 서리를 만난 격이다. 의지가 박약하고 신체가 허
약하여 병이 많다. 매사가 순조롭지 못하므로 역경에 처하여
고생하며 색정에 빠져 실패한다.

23. 공명격(功名格)

위인이 활발하고 감정이 예민하다. 큰 뜻과 큰 사업을 능히
완수하므로 그 이름이 세상에 전해지리라. 그러나 여자는 부부
운이 불길하여 생리사별한다.

24. 입신격(立身格)

지모가 출중하므로 어려운 경지에도 능히 성공하여 대업을 이룬다. 조업이 없을지라도 자수성가할 운이며 부귀 겸전하고 자손이 영창하는 수리이다.

25. 안전격(安全格)

감정이 예민하고 기묘한 재간이 있다. 혹 괴팍한 성격으로 사회 대중과 조화를 이루지 못하는 경향이 있다. 그러나 대체로 재능으로 이용하는 운이다.

26) 영웅격(英雄格)

위인이 영민하고 성질이 강하다. 수많은 파란 곡절을 겪은 뒤에 혹 성공하는 수가 있다. 대체로 이 수리는 괴걸, 위인, 열사, 효자, 처자 이별 등이다.

27. 중단격(中斷格)

불의에 좌절하는 수다. 단 자부심이 강한고로 남의 비방을 잘 듣게 된다. 그리고 모든 일이 중도에서 좌절당하는 경우가 많다.

28. 파난격(波亂格)

일찍 부모를 떠나 타향살이한다. 재화가 충생하고 부부 이별하며 자손의 액이 많다. 그리고 원수를 잘 맺으며 살상의 액이 있다.

29. 성공격(成功格)

지모를 겸비했으므로 원대한 포부를 세워 활동함으로써 성공하는 상이다. 여자는 남성적이며 질투심이 강하다.

30. 부몽격(浮夢格)

의지가 굳지 못하고 매사를 고려해 보지 않고 감행하므로 성패를 분간하지 못한다. 절처 봉생하고 길흉이 상반하니 상처 실자하여 일신이 고독하다.

31. 융창격(隆昌格)

지혜와 용기를 겸비하고 있어 의지가 굳다. 대업을 완수하고 뭇사람을 영도하는 덕망이 있으므로 부귀와 더불어 이름을 날리는 대길한 수리이다.

32. 요행격(僥倖格)

의외로 귀인이 도와주는 수이다. 그리고 결정적인 기회를 잘 잡아 치부하므로 집안이 융창한다. 다만 배은 망덕하는 일이 없도록 할 것이며 순리를 따라야 한다.

33. 승천격(昇天格)

재주와 덕을 겸비하고 용기와 과단성으로 뜻을 세워 위엄이

천하를 진동한다. 천하가 부응이나 다만 지나치게 곧아 일을
그릇치기 쉽다. 호색가이며 여자는 과부운으로 불리한 수리이
다.

34. 파멸격(破滅格)

패가 망신하는 대흉수이다. 부모의 유산을 탕진하고 내외로
파란이 많으며 부처 자속의 이별, 형액, 정신 착란, 단명 등의
액운을 내포하고 있는 수리이다.

35. 평범격(平凡格)

성격이 온순하지만 위엄이 결핍된 평범한 상이다. 박력이
없으므로 공상만 하고 실천을 못한다. 문학, 예능 방면이 길하
며 단 여자는 가장 길한 수리이다.

36. 영걸격(英傑格)

의협과 정의심이 있으므로 남을 위하여 자신을 돌보지 않고
희생하는 협객이며 파란이 중중하고 곤고가 따르니 일생 분주
신고하는 흉수이다.

37. 인덕격(仁德格)

온화 충실하고 덕행이 있다. 행실이 독실하여 능히 대업을
완성 발전하는 수리이다.

38. 복록격(福祿格)

의지가 박약하고 환상을 좋아하는 경향이 있다. 그러나 시종 일관 노력하면 장차 성공하여 복록을 누릴 수 있는 평범하고 안락한 수리이다.

39) 안락격(安樂格)

구름을 걷고 달을 보는 상으로 사업이 발달하고 자손이 창성하며 부귀를 누리는 운이다. 그러나 여자는 고독한 운으로 과부가 되기 쉽다.

40. 무상격(無常格)

지모가 뛰어나고 담력이 비범하나 오만 불손하고 덕망이 결핍되었으며 모험심과 투기심이 강하여 실패가 빈번하고 조난, 고독, 단명의 흉한 수리이다.

41. 대공격(大功格)

지략과 덕망을 겸비하였으므로 반드시 높은 이름을 얻게 되는 길한 수리이다. 그러므로 꾸준히 계속 노력하면 전도가 양양한 광명이 비치는 운이다.

42. 고행격(苦行格)

총명하고 재주 있으며 지능이 발달하였으나 다만 전심 연구하는 성의와 노력이 결핍되어 있어 소위 열 가지 재주로 한 가

지도 성취 못하는 운이다.

43. 미혹격(迷惑格)

비록 재능을 구비하였으나 진실성이 없고 다만 권모 술수를 좋아하여 계획과 일관성 있는 사업을 세우지 못하고 허송 세월 하는 수리이다.

44. 마장격(魔障格)

남과 더불어 동화력이 부족하다. 매사에 장애가 많으므로 가산을 탕진하고 패가 망신하며 가족과 흩어진다. 혹은 이 수를 얻어서 보기 드문 괴걸이나 위인이 되는 수도 있지만 대개 역경에 처한다.

45. 대지격(大智格)

순풍에 돛단 배를 띄운 격이라 지모가 있고 의지가 굳으니 천하의 큰 뜻을 품고 대업을 관찰해 나갈 수 있는 큰 그릇으로 경륜이 세상을 진동하는 수리이다.

46. 우수격(憂愁格)

의지가 박약하다. 재앙과 패가운이 따르니 옛 고향을 떠나면 좋다. 이 수리는 대체로 형액, 질병, 단명, 손재 등을 의미하는 불길한 수리이다.

47. 출세격(出世格)

성격이 원만하고 이지가 발달하니 나갈 때 나갈 줄 알고, 물러갈 때 물러갈 줄 아는 아량이 있다. 대업을 완수하고 부귀를 얻어 행복한 길한 수이다.

48. 유덕격(有德格)

지혜있고 덕망이 높으니 뭇사람의 모범이 되어 권위와 명망이 진동하고 천부의 부귀를 누리고 안락 장수하는 길한 수리이다.

49. 은퇴격(隱退格)

이 수리는 길할 때는 대길하고, 흉할 때는 대흉하는 상으로 반평생은 안락하고 반평생은 곤고하다. 대개 이 수리는 성공 후에 은퇴하면 길하다.

50. 불행격(不幸格)

길흉이 상반하여 한 번 성공하고 한 번 패하는 상이므로 이러한 사람은 성공시에 근신하여야 한다. 그렇지 않으면 형액, 고독을 의미하는 수리이기도 하다.

51. 춘추격(春秋格)

성패가 번복되는 상으로 초년에는 부귀와 행복으로 명망이 높지만 말년에는 신고한다. 평소 오만성을 버리고 근신 자중하면 일생 동안 평안하리라.

52. 능직격(能直格)

선견 지명이 있고 의지가 굳세니 큰 뜻과 이상을 관철한다. 그리고 투기심이 있지만 계획을 잘 세우므로 뜻을 실현하여 명리가 쌍전하는 길한 수리이다.

53. 부지격(不知格)

이 수리는 외관상으로 행복해 보이지만 실속은 화액이 많다. 반평생 길하고 반평생 흉한 수리로써 대개 재산을 탕진하고 비운을 초래하는 흉수리이다.

54. 신고격(辛苦格)

이 수리는 횡액이 중중한 대흉수로 장애, 실패, 불화, 손실, 형액, 파가, 병약, 단명 등 심지어는 비명에 횡사하는 흉한 수리이다.

55. 부인격(不忍格)

외부 내빈한 상으로 한 때 극성스런 시기가 있지만 금시 실패하니 길흉이 빈번하다. 파란 곡절과 난관을 극복하고 난 후 말년에 태평한 수리이다.

56. 부족격(不足格)

인내력이 부족하고 심신이 박약하다. 경영지사에 장애가 많고 실행력이 결핍되어 유시무종이니 일생 패가 망신하는 불길한 수리이다.

57. 노력격(努力格)

성격이 굳으므로 남에게 뜻을 굽히지 않는다. 젊을 때 비록 곤고가 있으나 굳센 의지로 꾸준히 노력하면 후반에 반드시 영화가 있다.

58) 자력격(自力格)

성격이 소극적이고 인내력이 부족하다. 말년에 자수성가하여 안락하게 산다.

59. 불우격(不遇格)

용기와 인내력이 부족하고 주체력이 결핍하여 의심이 많다. 그러므로 무슨 일이고 성사할 수 있는 재능이 부족하다. 심지어는 비명으로 횡사하는 대흉한 수리이다.

60. 암흑격(暗黑格)

심신이 착란하고 단행력이 부족하므로 목표를 달성하지 못하는 흉한 수리이다.

61. 영화격(榮華格)

오만 불손하고 덕행이 부족하다. 덕을 쌓고 수양하면 명리가 쌍전하고 부귀를 얻어 일생 동안 영화를 누릴 수 있는 길한 수리이다.

62. 독고격(獨孤格)

남과 더불어 동화력이 부족하고 신용을 얻지 못하여 의외의 재난과 곤고가 심하다. 그러므로 인내력을 기르고 뭇사람의 신임을 얻도록 노력해야 된다.

63. 고상격(吉祥格)

부귀 영달하는 상이다. 널리 빈궁한 사람을 구제하고 덕을 쌓으라. 만사가 여의하고 복록이 무궁하여 수복 겸전하리라.

64. 침체격(沈滯格)

골육 분리의 상이라 부모 처자의 인연이 없으므로 집을 떠나 타향에서 방황하게 된다. 그리고 매사가 침체되어 재난이 속출하고 불상사를 초래하는 수리이다.

65. 완미격(完美格)

가운이 융창하고 복록이 만당하며 만사 여의하니 일생 평안 무사하다.

제3편

오행(五行)과 발음 오행에 따른 성

제1장 오행(목화토금수)

1. 오행(五行)이란?

누구든지 이름을 지으려면 제일 먼저 오행(목·화·토·금·수)를 알아야 한다. 행은 봄·여름·가을·겨울을 쉬지 않고 돌아간다고 해서 행이라 한다.

목(木·나무)이 있어야 사람이 산소를 얻어 숨을 쉴 수가 있고,

화(火·불)가 있으므로 사람이 먹을 것을 익혀서 먹으며 추운 겨울을 따뜻하게 보낼 수 있다.

토(土·흙)가 있어야 농사를 지어 살 수 있고,

금(金·쇠)이 있어야 우리가 생활하는 데 필요한 연장을 만들어 사용할 수 있으며,

수(水·물)가 있기 때문에 모든 만물이 살아갈 수 있는 것이다.

알고 보면 모든 생명체는 오행(五行)의 덕택을 받아 산다. 그러므로 사람의 이름도 오행으로 짜여져 이름의 발음·획수 오행의 상생·상극으로 길과 흉으로 나누어지는 것이다.

소리, 즉 발음 오행은 다음과 같다.

2. 발음오행(發音五行)

오 행	발 음		발음기관
木(나무)	ㄱ, ㅋ	가, 카	아음(牙音) 어금닛 소리
火(불)	ㄴ, ㄷ, ㄹ, ㅌ	나, 다, 라, 타	설음(舌音) 혓소리
土(흙)	ㅇ, ㅎ	아, 하	후음(喉音) 목구멍소리
金(쇠)	ㅅ, ㅈ, ㅊ	사, 자, 차	치음(齒音) 잇소리
水(물)	ㅁ, ㅂ, ㅍ	마, 바, 파	순음(脣音) 입술소리

제2장 발음오행의 글자

1. 목(木) ㄱ·ㅋ의 한글자

가 각 간 갈 감 갑 강 건 걸 격 겸 경 계 고 곤 공 곽 관 광 교 구 국 군 궁 권 귀 규 균 근 금 기 길 김. 등
첫 글자가 ㄱ으로 된 글자

카 캄 캉 쿠 쾌. 등
첫 글자가 ㅋ으로 된 글자

ㄱ·ㅋ 발음은 어금니(牙音=아음) 소리이며 오행은 모두 목(木·나무)이다.

2. 화(火) ㄴ·ㄷ·ㄹ·ㅌ의 한글자

나 난 남 내 념 녕 노 능 니. 등
첫 글자가 ㄴ으로 된 글자

다 단 달 담 당 대 덕 도 돈 동 두 득 등 등
첫 글자가 ㄷ으로 된 글자

라 락 란 람 랑 래 량 려 련 렬 렴 령 례 로 록 룡 류 률 름 릉 리 림 등
첫 글자가 ㄹ로 된 글자

타 탁 탄 탐 태 택 탱 토 통 퇴 특 등
첫 글자가 ㅌ으로 된 글자

ㄴ·ㄷ·ㄹ·ㅌ발음은 혓소리(舌音=설음)이며 오행은 모두 화(火·불)이다.

3. 토(土) ㅇ · ㅎ의 한글자

<table>
<tr><td>아 안 애 양 어 언 엄 여 연 열 염 엽 영
예 오 옥 완 외 요 용 우 욱 운 웅 원 월
위 유 육 윤 은 을 음 응 의 이 익 인 일
등</td></tr>
<tr><td>첫 글자가 ㅇ으로 된 글자</td></tr>
</table>

<table>
<tr><td>하 학 한 함 항 행 향 허 헌 혁 현 협 형
혜 호 홍 화 확 환 황 회 효 후 훈 휘 휴
흔 흠 흡 흥 희. 등</td></tr>
<tr><td>첫 글자가 ㅎ으로 된 글자</td></tr>
</table>

ㅇ · ㅎ 발음은 목구멍(喉音＝후음)소리이며 오행은 모두 토
(土 · 흙)이다.

4. 금(金) ㅅ · ㅈ · ㅊ의 한글자

사 산 삼 상 생 서 석 선 설 섭 성 세 소 손 송 수 숙 순 슬 숭 승 시 식 신 실 심 등
첫 글자가 ㅅ으로 된 글자

자 장 재 저 전 점 정 제 조 종 주 죽 준 중 증 지 직 진 집. 등
첫 글자 ㅈ으로 된 글자

차 찬 참 창 채 책 천 철 청 초 총 최 추 축 춘 출 충 치 칠 등
첫 글자 ㅊ으로 된 글자

ㅅ · ㅈ · ㅊ 발음은 잇소리(齒音=치음)이며 오행은 모두 금(金 · 쇠)이다.

5. 수(水) ㅁ · ㅂ · ㅍ의 한글자

<table>
<tr><td>마 만 말 매 맹 면 명 모 목 몽 무 묵 문
미 민. 등</td></tr>
<tr><td>첫 글자가 ㅁ으로 된 글자</td></tr>
</table>

<table>
<tr><td>박 반 방 배 백 범 법 벽 변 병 보 복 본
봉 부 분 비 빈. 등</td></tr>
<tr><td>첫 글자가 ㅂ으로 된 글자</td></tr>
</table>

<table>
<tr><td>파 판 팔 팽 편 평 포 표 풍 피 필.</td></tr>
<tr><td>첫 글자가 ㅍ으로 된 글자</td></tr>
</table>

 ㅁ · ㅂ · ㅍ 발음은 입술소리(脣音=순음)이며 오행은 모두 수(水 · 물)이다.

제3장 발음오행에 따른 성

1. 목성·화성·토성·금성·수성·이자성

(1) 목성(木姓)

弓 활 궁 (3획)	公 귀인 공 (4획)	斤 날 근 (4획)	孔 구멍 공 (4획)
介 중매할 개 (4획)	丘 언덕 구 (5획)	甘 달 감 (5획)	曲 굽을 곡 (6획)
吉 길할 길 (6획)	君 임금 군 (7획)	奇 기이할 기 (8획)	具 갖출 구 (8획)
金 성 김 (8획)	姜 성 강 (9획)	桂 계수나무 계 (10획)	剛 굳셀 강 (10획)
高 높을 고 (10획)	康 편안 강 (11획)	國 나라 국 (11획)	強 굳셀 강 (11획)
邱 언덕 구 (12획)	景 서울 경 (12획)	賈 값 가 (13획)	琴 거문고 금 (13획)
菊 국화 국 (14획)	箕 키 기 (14획)	郭 성 곽 (15획)	葛 칡 갈 (15획)

慶	경사 **경** (15획)	彊	강할 **강** (16획)	鞠	국문 **국** (17획)	簡	편지 **간** (18획)
權	권세 **권** (22획)						

첫 글자가 ㄱ 발음이므로 오행은 목(木·나무)이 된다.

(2) 화성(火姓)

乃	이에 내 (2획)	大	큰 대 (3획)	太	클 태 (4획)	台	별 태 (5획)
老	늙을 로 (6획)	杜	막을 두 (7획)	卓	높을 탁 (8획)	奈	어찌 나 (8획)
泰	클 태 (9획)	南	남녘 남 (9획)	唐	나라 당 (10획)	那	어찌 나 (11획)
梁	들보 량 (11획)	浪	물결 랑 (11획)	路	길 로 (13획)	雷	우뢰 뢰 (13획)
湯	물끓을 탕 (13획)	廉	청렴할 렴 (13획)	敦	도타울 돈 (12획)	頓	조아릴 돈 (13획)
端	끝 단 (14획)	魯	나라 로 (15획)	劉	묘금도 류 (15획)	董	동독할 동 (15획)
彈	탄환 탄 (15획)	盧	성 로 (16획)	道	길 도 (16획)	陶	질그릇 도 (16획)
賴	힘입을 뢰 (16획)	都	도읍 도 (16획)	濂	물 렴 (17획)	羅	벌릴 라 (20획)

첫 글자가 ㄴ·ㄷ·ㄹ·ㅌ 발음이므로 오행은 화(火·불)이
다.

(3) 토성(土姓)

也 어조사 야 (3획)	于 어조사 우 (3획)	化 될 화 (4획)	王 임금 왕 (4획)
元 으뜸 원 (4획)	尹 믿을 윤 (4획)	永 길 영 (5획)	后 황후 후 (6획)
伊 저 이 (6획)	安 편안할 안 (6획)	玄 검을 현 (5획)	印 도장 인 (6획)
任 맡길 임 (6획)	呂 음률 여 (7획)	余 나 여 (7획)	李 오얏 이 (7획)
汝 너 여 (7획)	吳 나라 오 (7획)	何 어찌 하 (7획)	延 맞을 연 (7획)
林 수플 임 (8획)	柳 버들 유 (9획)	河 물 하 (9획)	兪 성 유 (9획)
韋 가죽 위 (9획)	禹 임금 우 (9획)	姚 예쁠 요 (9획)	咸 다 함 (9획)
夏 여름 하 (10획)	芮 나라 예 (10획)	邕 화할 옹 (10획)	洪 넓을 홍 (10획)
袁 옷길 원 (10획)	恩 은혜 은 (10획)	殷 은나라 은 (10획)	魚 물고기 어 (11획)
海 바다 해 (11획)	胡 어찌 호 (11획)	許 허락할 허 (11획)	梁 들보 양 (11획)
雲 구름 운 (12획)	黃 누를 황 (12획)	楊 버들 양 (13획)	雍 화할 옹 (13획)

邢	나라이름 형 (11획)	廉	청렴할 염 (13획)	阿	언덕 아 (13획)	溫	따뜻할 온 (14획)
連	연할 연 (14획)	漢	한나라 한 (15획)	葉	입 엽 (15획)	龍	용 용 (16획)
燕	제비 연 (16획)	陸	뭍 육 (16획)	陰	그늘 음 (16획)	應	응할 응 (17획)
韓	나라 한 (17획)	襄	도울 양 (17획)	魏	위나라 위 (18획)	嚴	엄할 엄 (20획)
藝	재주 예 (21획)						

첫 글자가 ㅇ · ㅎ 발음이므로 오행은 토(土 · 흙)이다.

(4) 금성(金姓)

丁 고무래 정 (2획)	千 일천 천 (3획)	天 하늘 천 (4획)	水 물 수 (4획)
石 돌 석 (5획)	史 역사 사 (5획)	申 납 신 (5획)	田 밭 전 (5획)
占 점 점 (5획)	西 서녘 서 (6획)	朱 붉을 주 (6획)	先 먼저 선 (6획)
全 온전 전 (6획)	車 수래거 차 (7획)	辛 매울 신 (7획)	宋 송나라 송 (7획)
成 이룰 성 (7획)	周 두루 주 (8획)	舍 집 사 (8획)	池 못 지 (7획)
昔 옛 석 (8획)	采 캘 채 (8획)	昇 오를 승 (8획)	昌 창성할 창 (8획)
宗 마루 종 (8획)	承 이을 승 (8획)	尚 오히려 상 (8획)	沈 성 심 (8획)
秋 가을 추 (9획)	施 베풀 시 (9획)	肖 같을 초 (9획)	俊 준걸 준 (9획)
星 별 성 (9획)	徐 천천히 서 (10획)	洙 물이름 수 (10획)	晋 나갈 진 (10획)
秦 나라 진 (10획)	眞 참 진 (10획)	孫 손자 손 (10획)	曹 조나라 조 (10획)
張 베풀 장 (11획)	崔 높을 최 (11획)	章 글 장 (11획)	邵 고을이름 소 (12획)

善	착할 선 (12획)	智	알 지 (12획)	淳	순박할 순 (12획)	舜	임금 순 (12획)
荀	풀이름 순 (12획)	程	기둥 정 (12획)	森	빽빽할 삼 (12획)	楚	나라 초 (13획)
趙	나라 조 (14획)	愼	삼갈 신 (14획)	菜	나물 채 (14획)	慈	사랑할 자 (14획)
碩	클 석 (14획)	陣	진칠 진 (16획)	諸	모두 제 (16획)	蔡	나라이름 채 (17획)
謝	끊을 사 (17획)	蔣	줄 장 (17획)	薛	맑을대쑥 설 (19획)	鄭	나라이름 정 (19획)
蘇	차조기 소 (22획)						

첫 글자가 ㅅ·ㅈ·ㅊ 발음이므로 오행은 금(金·쇠)이 된
다.

(5) 수성(水姓)

卜	점 복 (2획)	凡	무릇 범 (3획)	夫	지아비 부 (4획)	毛	털 모 (4획)
片	조각 편 (4획)	卞	조급할 변 (4획)	文	글월 문 (4획)	方	모 방 (4획)
皮	가죽 피 (5획)	包	쌀 포 (5획)	白	흰 백 (5획)	平	평평할 평 (5획)
米	쌀 미 (6획)	牟	보리 모 (6획)	朴	성 박 (6획)	判	판단할 판 (7획)
奉	받들 봉 (8획)	明	밝을 명 (8획)	孟	맏 맹 (8획)	房	방 방 (8획)
表	겉 표 (9획)	扁	작을 편 (9획)	馬	말 마 (10획)	邦	나라 방 (11획)
班	나눌 반 (11획)	梅	매화 매 (11획)	范	벌풀 범 (11획)	閔	성 민 (12획)
馮	성 풍 (12획)	彭	성 팽 (12획)	睦	화목할 목 (13획)	裵	성 배 (14획)
鳳	새 봉 (14획)	萬	일만 만 (15획)	潘	뜨물 반 (16획)	邊	가 변 (22획)

첫 글자 ㅁ · ㅂ · ㅍ 발음이므로 오행은 수(水 · 물)다.

이자성(二字姓)

乙 支 을　지	東 方 동　방	司 空 사　공	西 門 서　문
(5획)	(12획)	(13획)	(14획)
公 孫 공　손	司 馬 사　마	皇 甫 황　보	南 宮 남　궁
(14획)	(15획)	(16획)	(19획)
鮮 于 선　우	獨 孤 독　고	諸 葛 제　갈	
(20획)	(25획)	(31획)	

이자성(二字姓)의 끝 발음은 오행이 된다.

보기

오행(五行)	성(姓)
木(목)	사공　남궁　독고　제갈
土(토)	선우
金(금)	을지　공손
水(수)	동방　서문　사마　황보

2. 발음오행(發音五行) 풀이

앞에서 배운 발음오행을 알기 쉽게 풀이해 본다.

김 대 중 (木 火 金)

김은 (ㄱ ㅋ)에 해당되므로 木(나무)이 되고
대는 (ㄴ ㄷ ㄹ ㅌ)에 해당되므로 火(불)가 되며
중은 (ㅅ ㅈ ㅊ)에 해당되므로 金(쇠)이 된다.

이 병 철 (土 水 金)

이는 (ㅇ ㅎ)에 해당되므로 토(土)가 되고
병은 (ㅁ ㅂ ㅍ)에 해당되므로 水(물)가 되며
철은 (ㅅ ㅈ ㅊ)에 해당되므로 金(쇠)이 된다.

박 정 희 (水 金 土)

박은 (ㅁ ㅂ ㅍ)에 해당되므로 水(물)가 되고
정은 (ㅅ ㅈ ㅊ)에 해당되므로 金(쇠)이 되며
희는 (ㅇ ㅎ)에 해당되므로 土(흙)가 된다.

제4편
좋은 이름짓기와 작명에 알맞은 한자 획수

제1장   좋은 이름을 지으려면

1. 작명시 주의할 점

① 좋은 이름을 지으려면 둘 이상의 토씨를 가진 한자는 피하는 것이 좋다.

보기   參(삼·참), 度(도·탁), 行(행·항), 識(식·지)

② 성과 같은 한자, 발음이 같은 토씨의 한자는 피해야 한다. 천박한 이름, 별명이 되는 이름도 피하는 것이 좋다. 그리고 새나 짐승, 물고기 등 옛날 사람들이 쓴 한자도 안 쓰는 것이 상식이다.

요즈음 사람들은 한글로 특유의 이름을 짓기도 하지만, 거의 누구나가 할 것 없이 한자로 이름을 짓는 것이 보통이다.

2. 나쁜 이름은 좋은 이름으로 고칠 수 있다

남에게 혐오감을 주는 이름, 놀림의 대상이 되는 이름, 수치감을 주는 이름, 남들이 알아 보기 힘든 한자로 된 이름, 남자 여자 구별이 애매한 이름 등은 개명할 수 있다.

제2장 작명에 알맞은 한자 획수

1획	一	乙					
	한 일	새 을					

2획	力	乃	卜	又	二	人	丁	入
	힘 력	이에 내	점 복	또 우	두 이	사람 인	고무래 정	들 입

3획	干	弓	己	女	大	万	士	三
	방패 간	활 궁	몸 기	계집 녀	큰 대	일만 만	선비 사	석 삼
	上	小	于	子	丈	千	寸	土
	윗 상	작을 소	어조사 우	아들 자	장인 장	일천 천	마디 촌	흙 토
	下	丸	工	久	凡	山		
	아래 하	둥글 환	장인 공	오랠 구	무릇 범	뫼 산		

4획	介	公	孔	斤	今	內	丹	斗
	중매할 개	귀 공	구멍 공	날 근	이제 금	안 내	붉을 단	말 두
	毛	木	文	方	卞	夫	父	分
	터럭 모	나무 목	글월 문	모 방	조급할 변	지아비 부	아비 부	나눌 분

少	水	升	氏	心	午	王	友
젊을 소	물 수	되 승	성 씨	마음 심	낮 오	임금 왕	벗 우

牛	元	月	尹	允	仁	引	日
소 우	으뜸 원	달 월	믿을 윤	진실로 윤	어질 인	이끌 인	날 일

壬	中	之	支	天	太	片	火
북방 임	가운데 중	갈 지	지탱할 지	하늘 천	클 태	조각 편	불 화

化	亢						
될 화	오를 항						

5획

可	加	刊	甘	甲	功	丘	句
옳을 가	더할 가	새길 간	달 감	갑옷 갑	공 공	언덕 구	글귀절 구

巨	代	旦	冬	末	令	戊	民
클 거	대신 대	아침 단	겨울 동	끝 말	하여금 령	천간 무	백성 민

白	付	北	本	丙	仕	司	史
흰 백	줄 부	북녘 북	근본 본	남녘 병	벼슬 사	맡을 사	사기 사

生	石	召	仙	世	申	央	永
날 생	돌 석	부를 소	신선 선	인간 세	납 신	가운데 앙	길 영

五	玉	外	用	由	右	田	占
다섯 오	구슬 옥	바깥 외	쓸 용	말미암 유	오른쪽 우	밭 전	점칠 점

正	左	主	且	出	台	他	平
바를 정	왼 좌	주인 주	또 차	날 출	별 태	다를 타	평평할 평

皮	必	玄	弘	禾	乎		
가죽 피	반드시 필	검을 현	클 홍	벼 화	어조사 호		

6획

光	匡	交	圭	吉	年	多	乭
빛 광	도울 광	사귈 교	서옥 규	길할 길	해 년	많을 다	이름 돌

同	名	牟	朴	百	氾	妃	西
한가지 동	이름 명	클 모	성 박	일백 백	뜰 범	왕비 비	서녘 서

先	收	丞	守	旬	式	臣	安
먼저 선	거둘 수	정승 승	지킬 수	열흘 순	법 식	신하 신	편안 안

宇	羽	仰	旭	有	如	伊	弛
집 우	깃 우	우러를 앙	빛날 욱	있을 유	같을 여	저 이	놓을 이

因	印	任	字	在	全	汀	兆
인할 인	도장 인	맡길 임	글자 자	있을 재	온전 전	물가 정	억조 조

早	存	朱	竹	仲	自	匠	至
이를 조	있을 존	붉을 주	대 죽	버금 중	스스로 자	장인 장	이를 지

地	旨	充	宅	合	行	好	回
따 지	뜻 지	채울 충	집 택	모을 합	다닐 행	좋을 호	돌아올 회

后						
황후 **후**						

7획

江	求	君	均	克	男	杜	良
물 **강**	구할 **구**	임금 **군**	고를 **균**	이길 **극**	사내 **남**	막을 **두**	어질 **량**
呂	伶	里	李	利	每	伯	汎
성 **여**	영리할 **령**	마을 **리**	오얏 **리**	이로울 **리**	매양 **매**	맏 **백**	뜰 **범**
甫	序	成	宋	秀	伸	辛	冶
클 **보**	차례 **서**	이룰 **성**	나라 **송**	빼어날 **수**	펼 **신**	매울 **신**	쇠불릴 **야**
言	汝	余	延	吾	吳	完	佑
말씀 **언**	너 **여**	나 **여**	길 **연**	나 **오**	나라 **오**	완전할 **완**	도울 **우**
位	壯	玎	廷	助	佐	住	志
자리 **위**	장할 **장**	옥소리 **정**	조정 **정**	도울 **조**	도울 **좌**	머물 **주**	뜻 **지**
池	材	辰	作	車	初	村	七
못 **지**	재목 **재**	별 **진**	지을 **작**	수레 **차**	처음 **초**	마을 **촌**	일곱 **칠**
兌	判	杓	杏	亨	孝	希	
지름길 **태**	판단할 **판**	자루 **표**	살구 **행**	형통할 **형**	효도 **효**	바랄 **희**	

8획

佳	玕	杰	庚	京	炅	坰	季
아름다울 **가**	아름다운돌 **간**	호걸 **걸**	별 **경**	서울 **경**	빛날 **경**	들 **경**	끝 **계**

昆	坤	官	侊	具	玖	技	玘
맏 곤	따 곤	벼슬 관	클 광	갖출 구	검은돌 구	재주 기	패옥 기
奇	佶	金	沂	念	東	來	姈
기이할 기	바를 길	성 김	물이름 기	생각 념	동녘 동	올 래	여자이름 령
林	岦	侖	孟	明	命	武	物
수풀 림	산우뚝할 립	둥글 륜	맏 맹	밝을 명	목숨 명	호반 무	만물 물
旻	旼	帛	秉	並	奉	扶	朋
하늘 민	화할 민	비단 백	잡을 병	아우를 병	받들 봉	도울 부	벗 붕
社	事	尚	抒	昔	析	姓	松
모일 사	일 사	오히려 상	펼 서	옛 석	나눌 석	성 성	소나무 송
受	承	昇	始	侍	沁	沈	亞
받을 수	이을 승	오를 승	비로소 시	모실 시	물 심	성 심	버금 아
岩	昂	旿	沃	枉	旺	委	汪
바위 암	높을 앙	밝을 오	기름질 옥	굽을 왕	왕성할 왕	맡길 위	못 왕
玗	雨	沅	侑	宜	長	典	政
옥돌 우	비 우	물이름 원	짝 유	마땅 의	긴 장	법 전	정사 정
定	制	宗	周	宙	枝	知	直
정할 정	법제 제	마루 종	두루 주	집 주	가지 지	알 지	곧을 직

昌	采	靑	忠	取	快	卓	坦
창성할 **창**	캘 **채**	푸를 **청**	충성 **충**	가질 **취**	쾌할 **쾌**	높을 **탁**	넓을 **탄**

汰	坪	坡	八	沆	享	協	虎
씻길 **태**	들 **평**	언덕 **파**	여덟 **팔**	물 **항**	드릴 **향**	화할 **협**	범 **호**

昊	和	欣	昕	炘			
하늘 **호**	화할 **화**	기쁠 **흔**	해돋을 **흔**	화끈거릴 **흔**			

9획

姜	建	勁	琪	冠	九	奎	紀
성 **강**	세울 **건**	굳셀 **경**	옥이름 **공**	갓 **관**	아홉 **구**	별 **규**	벼리 **기**

南	度	度	亮	侶	怜	柳	律
남녘 **남**	법 **도**	헤아릴 **탁**	밝을 **량**	짝 **려**	영리할 **령**	버들 **류**	법 **률**

俐	勉	美	玟	柏	法	炳	昞
영리할 **리**	힘쓸 **면**	아름다울 **미**	옥 다음 가는 돌 **민**	잣 **백**	법 **법**	빛날 **병**	밝을 **병**

柄	保	桯	玢	玭	泗	思	相
자루 **병**	보전할 **보**	서안 **정**	옥무늬 **분**	진주 **빈**	물 **사**	생각 **사**	서로 **상**

庠	叙	宣	姺	星	性	省	昭
우나라 태학 **상**	베풀 **서**	베풀 **선**	행하는 모양 **선**	별 **성**	성품 **성**	살필 **성**	소목 **소**

炤	是	施	信	彦	衍	姸	泳
밝을 **소**	이 **시**	베풀 **시**	믿을 **신**	클 **언**	넓을 **연**	고울 **연**	헤엄칠 **영**

映	盈	玩	姚	勇	禹	昱	爰
비칠 영	찰 영	보배 완	예쁠 요	날랠 용	펼 우	빛날 욱	이에 원
威	幽	兪	玧	垠	怡	貞	訂
위엄 위	깊을 유	성 유	옥빛 윤	언덕 은	기쁠 이	곧을 정	의논할 정
柱	奏	注	姝	俊	重	哉	帝
기둥 주	아뢸 주	물댈 주	분바를 주	준걸 준	무거울 중	비로소 재	임금 제
祉	昶	秋	泉	招	春	峙	治
복 지	밝을 창	가을 추	샘 천	부를 초	봄 춘	우뚝설 치	다스릴 치
泰	表	泌	河	咸	香	泫	炫
클 태	겉 표	물흐를 필	물 하	다 함	향기 향	깊을 현	밝을 현
洞	炯	虹	泓	紅	奐	皇	侯
찰 형	빛날 형	무지개 홍	물깊을 홍	붉을 홍	클 환	임금 황	제후 후
厚	姬						
두터울 후	왕비 희						

10획

珏	恪	剛	格	兼	耿	桂	虔
쌍옥 각	공경할 각	굳셀 강	이를 격	겸할 겸	빛날 경	계수나무 계	공경할 건
高	恭	貢	洸	桄	宮	根	肯
높을 고	공손 공	바칠 공	물솟을 광	베틀 광	집 궁	뿌리 근	즐길 긍

起	娜	娘	桃	唐	桐	洛	凉
일어날 기	아름다울 나	아씨 낭	복숭아 도	나라 당	오동나무 동	낙수 락	서늘 량

倆	烈	倫	栗	玲	馬	珉	珀
공교할 량	매울 렬	인륜 륜	밤 률	옥소리 령	말 마	옥돌 민	호박 박

芳	俸	倍	配	栢	芬	粉	師
꽃다울 방	녹 봉	갑절 배	짝 배	잣 백	향기 분	가루 분	스승 사

珊	索	書	徐	祏	城	娍	素
산호 산	찾을 색	글 서	천천히 서	섬 석	성 성	헌걸찰 성	횔 소

孫	修	洙	殊	純	洵	拾	乘
손자 손	닦을 수	물이름 수	다를 수	순전할 순	믿을 순	주을 습	탈 승

時	十	娥	晏	洋	娟	芮	容
때 시	열 십	예쁠 아	늦을 안	바다 양	예쁠 연	풀 예	얼굴 용

祐	洹	原	袁	洧	殷	恩	益
도울 우	물이름 원	근원 원	성 원	물이름 유	나라 은	은혜 은	더할 익

兹	奬	財	祖	祚	曹	晁	栽
이 자	이룰 장	재물 재	조상 조	복 조	성 조	아침 조	심을 재

宰	株	峻	准	埈	祗	芝	晋
재상 재	그루 주	높을 준	법 준	높을 준	공경할 지	지초 지	나갈 진

致	津	珍	眞	秦	哲	祝	倬
이룰 치	나루 진	보배 진	참 진	나라 진	밝을 철	축원할 축	클 탁
特	夏	恒	軒	玹	祐	洪	花
특별할 특	여름 하	항상 항	마루 헌	옥돌 현	복 호	넓을 홍	꽃 화
桓	晃	效	訓	烋	洽	恰	
나무 환	밝을 황	본받을 효	가르칠 훈	아름다울 휴	화할 흡	마침 흡	
康	健	乾	卿	琪	硄	珖	敎
편안 강	건강할 건	하늘 건	벼슬 경	둥근옥 공	돌빛 광	옥피리 광	가르칠 교
救	國	珪	規	近	基	那	堂
구원할 구	나라 국	서옥 규	법 규	가까울 근	터 기	어찌 나	집 당
動	得	浪	朗	梁	崙	梨	笠
움직일 동	얻을 득	물결 랑	밝을 랑	들보 량	산이름 륜	배 리	갓 립
麻	晚	望	梅	茂	敏	密	班
삼 마	늦을 만	바랄 망	매화 매	무성할 무	민첩할 민	빽빽할 밀	나눌 반
邦	培	浮	副	彬	常	祥	庶
나라 방	북돋을 배	뜰 부	버금 부	빛날 빈	항상 상	상서 상	뭇 서
旋	雪	卨	設	涉	晟	率	珣
돌 선	눈 설	이름 설	베풀 설	건널 섭	밝을 성	거느릴 솔	옥그릇 순

11획

術	崇	習	晨	魚	御	焉	悅
재주 술	높을 숭	익힐 습	새벽 신	고기 어	모실 어	어찌 언	기쁠 열

英	迎	梧	悟	晤	庸	湧	苑
꽃뿌리 영	맞을 영	오동나무 오	깨달을 오	밝을 오	떳떳 용	물솟을 용	동산 원

偉	尉	胤	翊	唯	寅	張	章
클 위	벼슬 위	씨 윤	도울 익	오직 유	범 인	베풀 장	글 장

將	停	頂	曹	珠	晙	浚	茁
장수 장	머무를 정	이마 정	무리 조	구슬 주	밝을 준	깊을 준	대순뼈쭉 뼈쭉나울 줄

振	執	捉	崔	唱	票	彪	苾
떨칠 진	잡을 집	잡을 착	높을 최	노래 창	표 표	범 표	향기로울 필

海	珦	許	邢	彗	晧	浩	胡
바다 해	옥이름 향	허락할 허	나라 형	자비 혜	해돋을 호	넓을 호	어찌 호

凰	滏	焄					
암봉 황	물가 효	향내 훈					

12획

開	凱	傑	結	景	掛	喬	給
열 개	착할 개	호걸 걸	맺을 결	볕 경	걸 괘	높을 교	줄 급

球	邱	貴	鈞	淇	棋	能	淡
옥경쇠 구	언덕 구	귀할 귀	근 균	물이름 기	뿌리 기	능할 능	묽을 담

敦	惇	棟	得	登	理	琅	量
도타울 돈	도타울 돈	나무이름 동	얻을 득	오를 등	다스릴 리	옥돌 랑	헤아릴 량
無	脈	閔	綿	博	幇	棅	堡
없을 무	맥 맥	성 민	목화 면	넓을 박	도울 방	자루 병	작을성 보
普	番	復	捧	富	傅	斌	森
넓을 보	차례 번	다시 복	받들 봉	부자 부	스승 부	문채날 빈	빽빽할 삼
翔	舒	晳	善	璇	盛	邵	淞
돌아날 상	펼 서	쪼갤 석	착할 선	구슬 선	성할 성	고을이름 소	강이름 송
授	琇	淑	筍	順	淳	焞	舜
줄 수	옥돌 수	맑을 숙	풀 순	순할 순	순박할 순	밝을 순	임금 순
述	勝	植	深	尋	雅	雁	硯
지을 술	이길 승	심을 식	깊을 심	찾을 심	본디 아	기러기 안	벼루 연
淵	琓	堯	雲	雄	媛	閏	壹
못 연	서옥 완	임금 요	구름 운	수컷 웅	예쁠 원	윤달 윤	한 일
程	晶	情	淨	晸	珵	珽	朝
법 정	수정 정	뜻 정	맑을 정	해뜰 정	옥돌 정	옥이름 정	아침 조
淙	棕	尊	竣	儁	曾	智	軫
물소리 종	종려나무 종	높을 존	마칠 준	뛰어날 준	일찍 증	지혜 지	수레 진

集	敞	喆	添	淸	草	統	邰
모을 **집**	넓을 **창**	밝을 **철**	더할 **첨**	맑을 **청**	풀 **초**	거느릴 **통**	나라이름 **태**
最	推	彭	弼	筆	評	現	惠
가장 **최**	밀 **추**	성 **팽**	도울 **필**	붓 **필**	평론할 **평**	보일 **현**	은혜 **혜**
晧	淏	喚	黃	勛	欽	翕	喜
해돋을 **호**	맑을 **호**	부를 **환**	누를 **황**	공 **훈**	공경할 **흠**	모일 **흡**	기쁠 **희**

13획

賈	幹	鉀	經	敬	琨	琯	鳩
값 **가**	줄기 **간**	갑옷 **갑**	글 **경**	공경 **경**	옥 **곤**	옥저 **관**	비둘기 **구**
琴	琦	揆	琪	祺	嗜	楠	湳
거문고 **금**	구슬 **기**	헤아릴 **규**	옥 **기**	길할 **기**	즐길 **기**	들메나무 **남**	물이름 **남**
當	塘	廉	鈴	莉	琳	路	祿
마땅 **당**	못 **당**	청렴 **렴**	방울 **령**	꽃 **리**	아름다운옥 **림**	길 **로**	녹 **록**
募	睦	鉢	渤	琵	嗣	湘	想
모을 **모**	화목 **목**	바리때 **발**	바다 **발**	비파 **비**	이을 **사**	물 **상**	생각 **상**
詳	愃	聖	惺	頌	琡	詩	湜
자세할 **상**	쾌할 **선**	성인 **성**	깨달을 **성**	칭송할 **송**	구슬 **숙**	글 **시**	맑을 **식**
新	愛	楊	業	琰	暎	漢	楹
새 **신**	사랑 **애**	버들 **양**	업 **업**	비취옥 **염**	비칠 **영**	물맑을 **영**	기둥 **영**

煐 빛날 영	奧 깊을 오	鈺 보배 옥	雍 화할 옹	琬 구슬 완	湧 물솟을 용	愚 어리석을 우	煜 빛날 욱
郁 문채날 욱	嫄 어머니 원	圓 둥글 원	園 동산 원	援 구원할 원	渭 물이름 위	暐 빛날 위	裕 넉넉할 유
楡 느릅나무 유	義 옳을 의	意 뜻 의	稔 풍년들 임	莊 씩씩할 장	載 실을 재	渽 맑을 재	殿 대궐 전
琠 구슬 전	詮 갖출 전	靖 편안 정	鼎 솥 정	琮 옥 종	鉦 징 정	楨 쥐똥나무 정	湞 물이름 정
綎 인끈 정	照 비칠 조	湊 물모일 주	稙 벼 직	粲 선명할 찬	僉 다 첨	楚 나라 초	愀 얼굴빛변할 초
椿 대나무 춘	稟 품할 품	楓 단풍나무 풍	琸 사람이름 탁	鉉 솥귀 현	廈 큰집 하	荷 연꽃 하	湖 물 호
琥 호박 호	渾 흐릴 혼	煥 빛날 환	換 바꿀 환	話 말씀 화	煌 빛날 황	會 모일 회	暄 따뜻할 훤
輝 빛날 휘	暉 햇빛 휘	熙 빛날 희					

14획

嘉 아름다울 가	閣 집 각	監 볼 감	綱 벼리 강	菊 국화 국	閨 색시 규	溪 시내 계	綺 비단 기

管	寧	途	郎	綠	連	夢	裵
골 관	평안할 **녕**	길 도	사내 **랑**	푸를 **록**	연할 련	꿈 몽	성 배
碧	輔	菩	福	逢	鳳	溥	瑞
푸를 **벽**	도울 **보**	보살 **보**	복 **복**	만날 **봉**	새 봉	클 부	상서 서
碩	瑄	誠	壽	愼	實	語	瑛
클 석	구슬 선	정성 성	목숨 수	삼갈 신	열매 **실**	말씀 어	옥빛 **영**
榮	睿	溫	溶	瑀	熊	源	瑗
영화 **영**	슬기로울 **예**	따스할 **온**	녹을 용	옥돌 **우**	곰 웅	근원 **원**	옥 원
維	銀	溢	慈	禎	齊	瑅	造
벼리 **유**	은 은	넘칠 **일**	사랑할 **자**	귀똥나무 **정**	모두 **제**	옥이름 **제**	지을 조
趙	綜	準	儁	彰	菜	翠	綴
나라 조	모을 **종**	법 준	준걸 준	나타날 **창**	나물 **채**	비취 **취**	맺을 **철**
瑃	種	馝	赫	瑚	豪	華	瑍
옥이름 **춘**	심을 **종**	향기 **필**	빛날 **혁**	산호 **호**	호걸 **호**	빛날 **화**	옥 **환**
瑝	榥	滉	熏	携			
옥소리 **황**	책상 **황**	깊을 **황**	불사를 **훈**	가질 **휴**			
葛	慶	熲	郭	寬	廣	嬌	銶
대 갈	경사 **경**	빛날 **경**	성 곽	너그러울 **관**	넓을 **광**	태도 교	끌 **구**

(15획)

槿	瑾	逵	劇	畿	談	德	墩
무궁화 근	맑을 근	큰길 규	연극 극	경기 기	말씀 담	큰 덕	돈대 돈
董	樂	樑	諒	慮	練	魯	劉
동독할 동	즐길 락	들보 량	믿을 량	생각할 려	연복 련	나라 노	묘금도 류
凜	瑪	滿	萬	模	墨	盤	範
찰 름	옥돌 마	찰 만	일만 만	법 모	먹물 묵	소반 반	법 범
敷	賜	箱	賞	緒	奭	嬋	墡
펼 부	줄 사	상자 상	상줄 상	실마리 서	클 석	고울 선	기울 선
線	熟	諄	醇	陞	養	漁	億
실 선	익을 숙	모양 순	순수할 순	오를 승	기를 양	고기잡을 어	억 억
演	葉	瑩	瑥	緩	瑢	院	誾
넓을 연	잎 엽	밝을 영	이름 온	늦을 완	옥소리 용	집 원	화평 은
衛	緯	儀	誼	毅	逸	暫	漳
모실 위	씨 위	거동 의	옳을 의	굳셀 의	편안 일	잠깐 잠	물이름 장
暲	樟	著	蝶	調	週	駐	增
밝을 장	노나무 장	젓가락 저	나비 접	고를 조	일주 주	머무를 주	더할 증
摯	稷	陣	進	震	瑨	質	徵
지극할 지	피 직	진칠 진	나아갈 진	진동할 진	옥돌 진	바탕 질	부를 징

陟	徹	請	樞	趣	漢	墟	賢
오를 척	뚫을 철	청할 청	지두리 추	뜻 취	한나라 한	큰언덕 허	어질 현
編	篇	標	漂	瑩	慧	滸	嬅
얽을 편	책 편	표할 표	뜰 표	옥빛 형	지혜 혜	물가 호	고울 화
碻	萱	輝	興				
확실할 확	원추리 훤	빛날 휘	일어날 흥				

16획

鋼	彊	潔	暻	憬	錕	蓋	龜
강철 강	굳셀 강	맑을 결	밝을 경	깨달을 경	구리 곤	덮을 개	거북 귀
窺	瑾	錦	錤	璣	冀	諾	達
엿볼 규	옥 근	비단 금	호미 기	고깔꾸미개 기	바랄 기	허락할 낙	통달할 달
潭	都	道	燉	暾	潼	燈	盧
못 담	도읍 도	길 도	불성실할 돈	해돋을 돈	물이름 동	등불 등	성 로
錄	龍	陸	潾	憐	穆	蒙	默
기록할 록	용 룡	뭍 륙	맑을 린	사랑할 련	화목 목	어릴 몽	잠잠할 묵
潑	陪	錫	璇	遂	樹	燕	謁
활발할 발	모실 배	주석 석	별이름 선	드디어 수	나무 수	제비 연	뵈올 알
嶪	燁	曄	叡	蓉	運	澐	潤
높을 업	빛날 엽	빛날 엽	밝을 예	연꽃 용	행할 운	큰물결 운	윤택할 윤

融	陰	璋	積	靜	錠	諸	陳
화할 융	그늘 음	서옥 장	쌓을 적	고요 정	신설로 정	모두 제	베풀 진
輯	潗	澄	澈	撤	賰	播	彭
모을 집	샘날 집	맑을 징	물맑을 철	거둘 철	넉넉할 춘	심을 파	성 팽
遍	學	翰	憲	螢	衡	澔	樺
두루 편	배울 학	깃 한	법 헌	반딧불 형	저울대 형	빛날 호	벗나무 화
爌	曉	勳	羲	憙	熙		
빛날 황	새벽 효	공 훈	기운 희	기뻐할 희	밝을 희		

17획

謙	擎	璟	璬	璣	磯	鍍	檀
검손할 겸	받들 경	사람이름 경	옥이름 경	구슬 기	자갈 기	도금할 도	박달나무 단
聯	濂	璘	隆	璞	鮮	禪	燮
이을 련	엷을 렴	옥무늬 린	높을 륭	옥돌 박	생선 선	고요할 선	불꽃 섭
聲	遜	隋	穗	襄	陽	憶	輿
소리 성	겸손할 손	나라 수	이삭 수	도울 양	볕 양	생각할 억	수레 여
遠	營	應	翼	蔣	點	操	鍾
멀 원	경영할 영	응할 응	날개 익	풀 장	검은 점	잡을 조	술잔 종
駿	澯	燦	鄒	菜	總	擇	澤
준마 준	맑을 찬	빛날 찬	나라이름 추	나물 채	거느릴 총	가릴 택	늪 택

韓	鄕	鴻	闊	璜	檜	獲	徽
나라 **한**	시골 **향**	기러기 **홍**	넓을 **활**	반둥근패옥 **황**	노송나무 **회**	얻을 **획**	아름다울 **휘**
禧							
복 **희**							

18획

闕	謹	騎	戴	禮	馥	濤	濫
대궐 **궐**	삼갈 **근**	말탈 **기**	머리에일 **대**	예도 **례**	향기 **복**	큰물결 **도**	물넘칠 **람**
濕	曜	鎔	魏	翼	濟	題	濬
젖을 **습**	빛날 **요**	녹일 **용**	위나라 **위**	날개 **익**	건널 **제**	글 **제**	깊을 **준**
職	鎭	瓚	瞻	叢	擢	豐	爀
벼슬 **직**	진정할 **진**	옥 **찬**	우러러볼 **첨**	모을 **총**	높을 **탁**	풍년 **풍**	빛날 **혁**
蕙	濠	鎬	環	燻			
난초 **혜**	물 **호**	호경 **호**	고리 **환**	불기운 **훈**			

19획

鏡	曠	麒	譚	鄧	麗	鵬	譜
거울 **경**	빌 **광**	기린 **기**	클 **담**	나라이름 **등**	빛날 **려**	새 **붕**	족보 **보**
薪	璿	蟾	璹	識	繩	鏞	願
섶 **신**	옥 **선**	두꺼비 **섬**	옥그릇 **숙**	알 **식**	줄 **승**	쇠북 **용**	원할 **원**
穩	鄭	贈	鵲	薔	疇	遲	轍
편안할 **온**	나라 **정**	줄 **증**	까치 **작**	장미 **장**	밭 **주**	더딜 **지**	바퀴자국 **철**

贊	寵	瀅	穫	擴	繪		
찬성할 **찬**	사랑할 **총**	물맑을 **형**	거둘 **확**	넓힐 **확**	그릴 **회**		

20획

覺	瓊	警	繼	勸	騰	藤	羅
깨달을 **각**	구슬 **경**	경계할 **경**	이을 **계**	권할 **권**	오를 **등**	덩굴 **등**	벌릴 **라**

隣	寶	薩	釋	耀	孃	壤	鐘
이웃 **린**	보배 **보**	보살 **살**	놓을 **석**	빛날 **요**	아가씨 **양**	곱다란흙 **양**	쇠북 **종**

籍	纂	觸	馨	懷	還	嚴	譯
호적 **적**	모을 **찬**	받을 **촉**	향기 **형**	품을 **회**	돌아올 **환**	엄할 **엄**	번역할 **역**

瀚	獻	懸	薰	曦			
넓고클 **한**	드릴 **헌**	매달 **현**	향기풀 **훈**	햇빛 **희**			

21획

顧	藤	爛	瀾	覽	瓏	辯	飜
돌아볼 **고**	등나무 **등**	찬란할 **란**	큰물결 **란**	볼 **람**	옥소리 **롱**	말씀 **변**	날 **번**

闢	隨	續	鶯	躍	瀯	藝	譽
열 **벽**	따를 **수**	이을 **속**	꾀꼬리 **앵**	뛸 **약**	물소리 **영**	재주 **예**	기릴 **예**

鐵	鐸	覇	鶴	顥			
쇠 **철**	방울 **탁**	으뜸 **패**	학 **학**	클 **호**			

22획

鑑	鷗	權	璸	邊	巒	攝	蘇
거울 **감**	갈매기 **구**	권세 **권**	옥무늬 **란**	가 **변**	산봉우리 **만**	잡을 **섭**	깨어날 **소**

112

謑	驍	響	歡			
살필 혜	날랠 효	소리 향	기쁠 환			

23획 鑛	蘭	戀	鷺	麟	巖	灘	顯
쇳덩이 광	난초 란	생각할 련	백로 로	기린 린	바위 암	여울 탄	나타날 현

護						
풍류 호						

24획 靈	瓚					
신령 령	옥그릇 찬					

25획 觀	纘	灝				
볼 관	이을 찬	넓을 호				

26획 驥	讚					
천리마 기	도울 찬					

27획 鑽						
뚫을 찬						

제5편

발음 오행에 따른 대법원 선정 인명용 한자(2854자)

제1장 발음오행에 따른
대법원 선정 인명용 한자

1. 목(木) ㄱ·ㅋ의 한자

가

可 옳을 가 (5획)	加 더할 가 (5획)	佳 아름다울 가 (8획)	架 시렁 가 (9획)
家 집 가 (10획)	假 거짓 가 (11획)	街 거리 가 (12획)	嫁 시집갈 가 (13획)
暇 한가할 가 (13획)	賈 성 가 (13획)	歌 노래 가 (14획)	嘉 아름다울 가 (14획)
稼 시집갈 가 (15획)	駕 멍에 가 (15획)	價 값 가 (15획)	

각

各 각각 각 (6획)	角 뿔 각 (7획)	却 물리칠 각 (7획)	刻 새길 각 (8획)
珏 쌍옥 각 (10획)	恪 정성 각 (10획)	殼 껍질 각 (12획)	脚 다리 각 (13획)
閣 층집 각 (14획)	覺 깨달을 각 (20획)		

간

干 방패 간 (3획)	刊 새길 간 (5획)	艮 한정할 간 (6획)	杆 산뽕나무 간 (7획)

	한자	뜻·음	한자	뜻·음	한자	뜻·음	한자	뜻·음
	侃	강직할 **간** (8획)	玕	아름다운돌 **간** (8획)	姦	간사할 **간** (9획)	肝	간 **간** (9획)
	竿	낚싯대 **간** (9획)	看	볼 **간** (9획)	間	사이 **간** (12획)	揀	가릴 **간** (13획)
	幹	줄기 **간** (13획)	諫	간할 **간** (16획)	懇	믿을 **간** (16획)	墾	밭갈 **간** (17획)
	簡	편지 **간** (18획)						
갈	渴	목마를 **갈** (13획)	葛	칡 **갈** (15획)				
감	甘	달 **감** (5획)	勘	마감할 **감** (11획)	敢	구태 **감** (12획)	堪	견딜 **감** (12획)
	減	감할 **감** (13획)	感	느낄 **감** (13획)	監	볼 **감** (14획)	瞰	굽어볼 **감** (16획)
	鑑	거울 **감** (22획)	鑒	밝을 **감** (22획)				
갑	甲	갑옷 **갑** (5획)	鉀	갑옷 **갑** (13획)				
강	江	물이름 **강** (7획)	杠	작은 다리 **강** (7획)	岡	산등성이 **강** (8획)	姜	성 **강** (9획)
	剛	굳셀 **강** (10획)	強	굳셀 **강** (11획)	堈	언덕 **강** (11획)	康	편안 **강** (11획)
	崗	산등성이 **강** (11획)	降	내릴 **강** (14획)	綱	벼리 **강** (14획)	慷	강개할 **강** (15획)

음	한자	뜻·획수	한자	뜻·획수	한자	뜻·획수	한자	뜻·획수
강	彊	강할 강 (16획)	鋼	강철 강 (16획)	橿	박달나무 강 (17획)	講	강론할 강 (17획)
개	介	중매할 개 (4획)	价	클 개 (6획)	改	고칠 개 (7획)	皆	다 개 (9획)
	個	낱 개 (10획)	盖	덮을 개 (11획)	開	열 개 (12획)	凱	착할 개 (12획)
	愷	즐거울 개 (13획)	箇	낱 개 (14획)	蓋	덮을 개 (14획)	慨	슬퍼할 개 (15획)
	概	대강 개 (15획)	漑	물댈 개 (15획)				
객	客	손 객 (9획)						
갱	更	다시 갱 (7획)	坑	빠질 갱 (7획)				
거	去	갈 거 (5획)	巨	클 거 (5획)	車	수레 거 (7획)	居	살 거 (8획)
	拒	막을 거 (9획)	距	이를 거 (12획)	渠	개천 거 (13획)	擧	들 거 (17획)
	據	웅거할 거 (17획)	遽	급할 거 (20획)				
건	巾	수건 건 (3획)	件	조건 건 (6획)	建	세울 건 (9획)	虔	공경할 건 (10획)
	乾	하늘 건 (11획)	健	굳셀 건 (11획)	楗	문지방 건 (13획)	鍵	열쇠 건 (17획)

걸	杰	호걸 걸 (8획)	傑	호걸 걸 (12획)				
검	劍	칼 검 (15획)	儉	검소할 검 (15획)	劒	칼 검 (16획)	檢	검사할 검 (17획)
게	揭	들 게 (13획)	憩	쉴 게 (16획)				
격	格	격식 격 (10획)	檄	격문 격 (17획)	激	과격할 격 (17획)	擊	칠 격 (17획)
	隔	막힐 격 (18획)						
견	犬	개 견 (4획)	見	볼 견 (7획)	肩	어깨 견 (10획)	堅	굳을 견 (11획)
	牽	이끌 견 (11획)	絹	비단 견 (13획)	遣	보낼 견 (17획)	鵑	두 견 (18획)
결	決	결단할 결 (8획)	缺	깨질 결 (10획)	訣	비결 결 (11획)	結	맺을 결 (12획)
	潔	맑을 결 (16획)						
겸	兼	겸할 겸 (10획)	謙	겸손할 겸 (17획)	鎌	낫 겸 (18획)		
경	更	고칠 경 (7획)	炅	빛날 경 (8획)	庚	천간 경 (8획)	京	서울 경 (8획)
	坰	들 경 (8획)	俓	곧을 경 (9획)	勁	굳셀 경 (9획)	耿	빛날 경 (10획)

경							
徑	지름길 경 (10획)	耕	밭갈 경 (10획)	倞	굳셀 경 (10획)	頃	이랑 경 (11획)
竟	마침내 경 (11획)	卿	벼슬 경 (11획)	涇	통할 경 (11획)	梗	곧을 경 (13획)
景	빛 경 (12획)	硬	굳셀 경 (12획)	敬	공경할 경 (13획)	經	글 경 (13획)
莖	줄기 경 (13획)	傾	기울어질 경 (13획)	輕	가벼울 경 (14획)	逕	멀 경 (14획)
境	지경 경 (14획)	慶	경사 경 (15획)	潁	빛날 경 (15획)	儆	경계할 경 (15획)
憬	깨달을 경 (16획)	暻	밝을 경 (16획)	橄	등불 경 (17획)	璟	사람이름 경 (17획)
擎	받들 경 (17획)	鏡	거울 경 (19획)	鯨	고래 경 (19획)	警	경계할 경 (20획)
瓊	구슬 경 (20획)	競	다툴 경 (20획)	驚	놀랠 경 (23획)		

계							
系	맬 계 (7획)	戒	경계할 계 (7획)	季	끝 계 (8획)	契	맺을 계 (9획)
癸	북방 계 (9획)	界	지경 계 (9획)	計	셈할 계 (9획)	係	걸릴 계 (9획)
桂	계수나무 계 (10획)	烓	화덕 계 (10획)	啓	일깨울 계 (11획)	械	기계 계 (11획)
誡	경계할 계 (14획)	溪	시내 계 (14획)	階	섬돌 계 (17획)	繼	이을 계 (20획)

鷄	닭 계 (21획)						
고 古	예 고 (5획)	叩	두드릴 고 (5획)	考	상고할 고 (6획)	攷	이를 고 (6획)
告	알릴 고 (7획)	固	굳을 고 (8획)	孤	홀로 고 (8획)	姑	시어머니 고 (8획)
故	옛 고 (9획)	枯	마를 고 (9획)	高	높을 고 (10획)	庫	곳집 고 (10획)
苦	괴로울 고 (11획)	皐	언덕 고 (12획)	鼓	북칠 고 (13획)	敲	두드릴 고 (14획)
槁	마를 고 (17획)	顧	돌아볼 고 (21획)				
곡 曲	굽을 곡 (6획)	谷	골 곡 (7획)	哭	울 곡 (10획)	穀	곡식 곡 (15획)
곤 困	곤할 곤 (7획)	坤	땅 곤 (8획)	昆	맏 곤 (8획)	崑	산이름 곤 (11획)
琨	아름다운 옥 곤 (13획)	錕	구리 곤 (16획)				
골 骨	뼈 골 (10획)						
공 工	장인 공 (3획)	孔	구멍 공 (4획)	公	귀 공 (4획)	功	공 공 (5획)
共	한가지 공 (6획)	攻	칠 공 (7획)	空	빌 공 (8획)	供	이바지 공 (8획)

음	한자	뜻/음 (획)	한자	뜻/음 (획)	한자	뜻/음 (획)	한자	뜻/음 (획)
공	恭	공손할 공 (10획)	貢	바칠 공 (10획)	恐	두려울 공 (10획)	珙	그고 둥근옥 공 (11획)
	控	당길 공 (12획)						
과	戈	창 과 (4획)	瓜	외 과 (5획)	果	과실 과 (8획)	科	과거 과 (9획)
	誇	자랑할 과 (13획)	菓	과실 과 (14획)	寡	과부 과 (14획)	課	과목 과 (15획)
	過	지날 과 (16획)						
곽	郭	성곽 곽 (11획)	廓	클 곽 (14획)				
관	官	벼슬 관 (8획)	冠	갓 관 (9획)	梡	토막나무 관 (11획)	貫	꿸 관 (11획)
	款	정성스러울 관 (12획)	琯	옥저 관 (13획)	管	주관할 관 (14획)	錧	보습 관 (16획)
	慣	익숙할 관 (15획)	寬	너그러울 관 (15획)	舘	객사 관 (16획)	館	객사 관 (17획)
	關	빗장 관 (19획)	灌	물댈 관 (22획)	瓘	구슬 관 (23획)	觀	볼 관 (25획)
괄	括	맺을 괄 (10획)						
광	光	빛 광 (6획)	匡	바를 광 (6획)	侊	클 광 (8획)	洸	물솟을 광 (10획)

분류	한자	뜻·음	한자	뜻·음	한자	뜻·음	한자	뜻·음
	桄	베틀 광 (10획)	珖	옥피리 광 (11획)	廣	넓을 광 (15획)	曠	빌 광 (19획)
	鑛	쇳돌 광 (23획)						
괘	掛	걸 괘 (11획)						
괴	怪	괴이할 괴 (9획)	塊	덩어리 괴 (13획)	愧	부끄러울 괴 (14획)	壞	무너뜨릴 괴 (19획)
굉	宏	클 굉 (7획)						
교	巧	공교로울 교 (5획)	交	사귈 교 (6획)	校	학교 교 (10획)	敎	가르칠 교 (11획)
	喬	높을 교 (12획)	僑	우거할 교 (12획)	較	비교할 교 (13획)	郊	들 교 (13획)
	嬌	아리따울 교 (15획)	膠	아교 교 (15획)	橋	다리 교 (16획)	矯	바로잡을 교 (17획)
구	九	아홉 구 (2획)	久	오랠 구 (3획)	口	입 구 (3획)	句	글귀절 구 (5획)
	丘	언덕 구 (5획)	究	궁리할 구 (7획)	求	구할 구 (7획)	具	갖출 구 (8획)
	坵	언덕 구 (8획)	玖	검은돌 구 (8획)	拘	잡을 구 (9획)	狗	개 구 (9획)
	矩	법 구 (10획)	俱	함께 구 (10획)	救	구원할 구 (11획)	區	구역 구 (11획)

음	한자	뜻·음	한자	뜻·음	한자	뜻·음	한자	뜻·음
구	苟	진실로 구 (11획)	邱	언덕 구 (12획)	球	옥경쇠 구 (12획)	鳩	비둘기 구 (13획)
	構	지을 구 (14획)	銶	끌 구 (15획)	購	살 구 (17획)	溝	개천 구 (14획)
	龜	이름구 (16획)	軀	몸 구 (18획)	舊	옛 구 (18획)	驅	몰 구 (21획)
	懼	두려울 구 (22획)	鷗	갈매기 구 (22획)				
국	局	부분 국 (7획)	國	나라 국 (11획)	菊	국화 국 (14획)	鞠	기를 국 (17획)
군	君	임금 군 (7획)	軍	군사 군 (9획)	群	무리 군 (13획)	郡	고을 군 (14획)
굴	屈	굽을 굴 (8획)	窟	굴 굴 (13획)				
궁	弓	활 궁 (3획)	宮	집 궁 (10획)	躬	몸 궁 (10획)	窮	다할 궁 (15획)
권	卷	책 권 (8획)	券	문서 권 (8획)	拳	주먹 권 (10획)	眷	돌아볼 권 (11획)
	圈	짐승우리 권 (11획)	勸	권할 권 (20획)	權	권세 권 (22획)		
궐	厥	그 궐 (12획)	闕	대궐 궐 (18획)				
궤	軌	굴대 궤 (9획)						

음	한자	뜻·훈	한자	뜻·훈	한자	뜻·훈	한자	뜻·훈
귀	鬼	귀신 귀 (10획)	貴	귀할 귀 (12획)	龜	거북 귀 (16획)	歸	돌아갈 귀 (18획)
규	叫	부를 규 (5획)	圭	서옥 규 (6획)	奎	별 규 (9획)	規	법 규 (11획)
	珪	서옥 규 (11획)	揆	헤아릴 규 (13획)	閨	색시 규 (14획)	逵	큰길 규 (15획)
	窺	엿볼 규 (16획)						
균	均	고를 균 (7획)	昀	밝게간할 균 (9획)	鈞	고를 균 (12획)	菌	버섯 균 (14획)
귤	橘	귤 귤 (16획)						
극	克	이길 극 (7획)	剋	이길 극 (9획)	極	지극할 극 (13획)	劇	연극 극 (15획)
	隙	틈 극 (18획)						
근	斤	날 근 (4획)	根	뿌리 근 (10획)	近	가까울 근 (11획)	筋	힘줄 근 (12획)
	僅	겨우 근 (13획)	勤	부지런할 근 (13획)	嫤	고울 근 (14획)	漌	맑을 근 (14획)
	墐	묻을 근 (14획)	槿	무궁화 근 (15획)	瑾	붉은옥 근 (16획)	謹	삼갈 근 (18획)
금	今	이제 금 (4획)	金	쇠 금 (8획)	衾	이불 금 (10획)	禁	금할 금 (13획)

금	琴	거문고 금 (13획)	禽	새 금 (13획)	錦	비단 금 (16획)	襟 옷깃 금 (19획)
급	及	미칠 급 (4획)	汲	물길을 급 (8획)	急	급할 급 (9획)	級 등급 급 (10획)
	給	줄 급 (12획)					
긍	亘	뻗칠 긍 (6획)	矜	자랑할 긍 (9획)	肯	즐길 긍 (10획)	兢 조심할 긍 (14획)
기	己	몸 기 (3획)	企	바랄 기 (6획)	杞	구기자 기 (7획)	忌 꺼릴 기 (7획)
	圻	지경 기 (7획)	岐	높을 기 (7획)	沂	물이름 기 (7획)	玘 패옥 기 (7획)
	技	재주 기 (7획)	奇	기이할 기 (8획)	其	그 기 (8획)	汽 물끓는김 기 (8획)
	祈	빌 기 (9획)	紀	기록할 기 (9획)	起	일어날 기 (10획)	記 기록할 기 (10획)
	豈	어찌 기 (10획)	氣	기운 기 (10획)	耆	늙을 기 (10획)	基 터 기 (11획)
	旣	이미 기 (11획)	飢	주릴 기 (11획)	崎	산길험할 기 (11획)	寄 부탁할 기 (11획)
	淇	물이름 기 (12획)	欺	속일 기 (12획)	幾	거의 기 (12획)	棄 버릴 기 (12획)
	期	기약할 기 (13획)	棋	뿌리 기 (12획)	琪	옥 기 (13획)	祺 길할 기 (13획)

嗜	즐길 기 (13획)	琦	옥 기 (13획)	埼	낭떠러지 기 (13획)	綺	비단 기 (14획)
箕	키 기 (14획)	睻	볕기운 기 (14획)	旗	기 기 (14획)	畿	경기 기 (15획)
錡	세발가마 기 (16획)	鎮	호미 기 (16획)	器	그릇 기 (16획)	機	베틀 기 (16획)
璂	고깔꾸미개 기 (16획)	冀	바랄 기 (16획)	璣	구슬 기 (17획)	磯	자갈 기 (17획)
騏	천리마 기 (18획)	騎	말탈 기 (18획)	麒	기린 기 (19획)	譏	나무랄 기 (19획)
驥	천리마 기 (26획)						
긴 緊	긴요할 긴 (14획)						
길 吉	길할 길 (6획)	佶	바를 길 (8획)	姞	성 길 (9획)	桔	도라지 길 (10획)
김 金	성 김 (8획)						
쾌 夬	쾌이름 쾌 (4획)	快	쾌할 쾌 (8획)				

2. 화(火) ㄴ · ㄷ · ㄹ · ㅌ의 한자

나	奈	어찌 나 (8획)	柰	사과 나 (9획)	娜	아름다울 나 (10획)	那 어찌 나 (11획)
낙	諾	허락 낙 (16획)					
난	煖	더울 난 (13획)	暖	따뜻할 난 (13획)	難	어려울 난 (19획)	
날	捺	손으로 누를 날 (12획)					
남	男	사내 남 (7획)	南	남녁 남 (9획)	楠	들메나무 남 (13획)	湳 물이름 남 (13획)
납	納	들일 납 (10획)					
낭	娘	아씨 낭 (10획)					
내	乃	이에 내 (2획)	内	안 내 (4획)	奈	어찌 내 (8획)	柰 사과 내 (획9)
	耐	견딜 내 (9획)					
녀	女	계집 녀 (3획)					
년	年	해 년 (6획)	秊	해 년 (8획)			

념	念	생각 **념** (8획)						
녕	寧	편안할 **녕** (14획)						
노	奴	남종 노 (5획)	努	힘쓸 노 (7획)	怒	성낼 노 (9획)	
농	農	농사 **농** (13획)	濃	걸찍할 **농** (17획)			
뇌	惱	번뇌할 **뇌** (13획)	腦	머리골 **뇌** (15획)			
뉴	紐	맺을 **뉴** (10획)						
능	能	능할 **능** (12획)						
니	泥	수렁 **니** (9획)						
다	多	많을 다 (6획)	茶	차풀 다 (12획)			
단	旦	아침 단 (5획)	丹	붉을 단 (4획)	但	다만 단 (7획)	段	조각 단 (9획)
	短	짧을 단 (12획)	單	홑 단 (12획)	端	끝 단 (14획)	團	둥글 단 (14획)
	緞	황후의 옷 단 (15획)	壇	단 단 (16획)	檀	박달나무 단 (17획)	鍛	단련할 단 (17획)

단	斷	끊을 단 (18획)							
달	達	통달할 달 (16획)							
담	淡	맑을 담 (12획)	談	말씀 담 (15획)	潭	연못 담 (16획)	擔	멜 담 (17획)
	膽	쓸개 담 (19획)	譚	말씀 담 (19획)				
답	畓	논 답 (9획)	答	대답 답 (12획)	踏	밟을 답 (15획)		
당	唐	나라 당 (10획)	堂	집 당 (11획)	當	마땅 당 (13획)	塘	못 당 (13획)
	糖	엿 당 (16획)	黨	무리 당 (19획)	鐺	쇠사슬 당 (21획)		
대	大	큰 대 (3획)	代	대신 대 (5획)	垈	집터 대 (8획)	待	기다릴 대 (9획)
	玳	대모 대 (10획)	袋	자루 대 (11획)	帶	띠 대 (11획)	貸	빌릴 대 (12획)
	對	대답할 대 (14획)	臺	집 대 (14획)	擡	들 대 (18획)	隊	떼 대 (17획)
	戴	일 대 (18획)						
덕	悳	큰 덕 (12획)	德	큰 덕 (15획)				

도	刀	칼 도 (2획)	到	이를 도 (8획)	度	법 도 (9획)	桃	복숭아 도 (10획)
	徒	무리 도 (10획)	島	섬 도 (10획)	倒	거꾸러질 도 (10획)	挑	띌 도 (10획)
	堵	담 도 (12획)	盜	도적 도 (12획)	掉	흔들 도 (12획)	塗	진흙 도 (13획)
	渡	건널 도 (13획)	跳	띌 도 (13획)	逃	도망할 도 (13획)	圖	그림 도 (14획)
	途	길 도 (14획)	稻	벼 도 (15획)	都	도읍 도 (16획)	道	길 도 (16획)
	陶	질그릇 도 (16획)	導	인도할 도 (16획)	鍍	도금할 도 (17획)	蹈	밟을 도 (17획)
	濤	큰물결 도 (18획)	燾	덮을 도 (18획)	禱	기도할 도 (19획)		
독	毒	독할 독 (8획)	督	독촉할 독 (13획)	篤	도타울 독 (16획)	獨	홀로 독 (17획)
	讀	읽을 독 (22획)						
돈	敦	도타울 돈 (12획)	惇	두터울 돈 (12획)	豚	돼지 돈 (11획)	頓	조아릴 돈 (13획)
	墩	돈대 돈 (15획)	暾	해돋을 돈 (16획)	燉	빛날 돈 (16획)		
돌	乭	이름 돌 (6획)	突	부딪칠 돌 (9획)				

음								
동	冬	겨울 동 (5획)	同	한가지 동 (6획)	東	동녘 동 (8획)	桐	오동 동 (10획)
	凍	얼 동 (10획)	洞	고을 동 (10획)	動	움직일 동 (11획)	棟	들보 동 (12획)
	童	아이 동 (12획)	銅	구리 동 (14획)	董	동독할 동 (15획)	潼	물이름 동 (16획)
두	斗	말 두 (4획)	豆	콩 두 (7획)	杜	막을 두 (7획)	科	주두 두 (8획)
	頭	머리 두 (16획)						
둔	屯	진칠 둔 (4획)	鈍	둔할 둔 (12획)	遁	피할 둔 (16획)		
득	得	얻을 득 (11획)						
등	登	오를 등 (12획)	等	무리 등 (12획)	燈	등불 등 (16획)	謄	베낄 등 (17획)
	鄧	나라이름 등 (19획)	騰	오를 등 (20획)	藤	덩굴 등 (21획)		
라	羅	벌일 라 (20획)						
락	洛	낙수 락 (10획)	珞	목걸이 락 (11획)	絡	연락할 락 (12획)	酪	타락 락 (13획)
	落	떨어질 락 (15획)	樂	즐길 락 (15획)				

음							
란	卵	알 란 (7획)	亂	어지러울 란 (13획)	爛	찬란할 란 (21획)	欄 난간 란 (21획)
	瀾	큰물결 란 (21획)	瓓	옥무늬 란 (22획)	蘭	난초 란 (23획)	
람	濫	물넘칠 람 (18획)	藍	쪽 람 (20획)	覽	볼 람 (21획)	
랑	浪	물결 랑 (11획)	郞	달밝을 랑 (11획)	琅	옥돌 랑 (12획)	廊 행랑 랑 (13획)
	郞	사내 랑 (14획)	瑯	고을이름 랑 (15획)			
래	來	올 래 (8획)	崍	산이름 래 (11획)	萊	쑥 래 (14획)	
랭	冷	찰 랭 (7획)					
략	略	간략할 략 (11획)	掠	노략질할 략 (12획)			
량	良	어질 량 (7획)	兩	둘 량 (8획)	亮	밝을 량 (9획)	涼 서늘할 량 (10획)
	倆	재주 량 (10획)	梁	들보 량 (11획)	量	헤아릴 량 (12획)	諒 알 량 (15획)
	樑	들보 량 (15획)	糧	양식 량 (18획)			
려	呂	음률 려 (7획)	侶	짝 려 (9획)	旅	나그네 려 (10획)	慮 생각할 려 (15획)

려	閭	이문 **려** (15획)	黎	무리 **려** (15획)	勵	권할 **려** (17획)	麗	고을 **려** (19획)	
력	力	힘 **력** (2획)	歷	지낼 **력** (16획)	曆	책력 **력** (16획)			
련	煉	쇠부릴 **련** (13획)	連	연할 **련** (14획)	練	익힐 **련** (15획)	憐	사랑할 **련** (16획)	
	鍊	단련할 **련** (17획)	聯	이을 **련** (17획)	蓮	연밥 **련** (17획)	璉	호련 **련** (16획)	
	戀	생각할 **련** (23획)							
렬	列	베풀 **렬** (6획)	劣	용렬할 **렬** (6획)	洌	추울 **렬** (8획)	烈	매울 **렬** (10획)	
	裂	찢을 **렬** (12획)							
렴	廉	청렴할 **렴** (13획)	濂	붙을 **렴** (17획)	斂	거둘 **렴** (17획)	簾	발 **렴** (19획)	
렵	獵	사냥할 **렵** (19획)							
령	令	하여금 **령** (5획)	伶	영리할 **령** (7획)	姈	여자이름 **령** (8획)	昤	영롱할 **령** (9획)	
	玲	옥소리 **령** (10획)	鈴	방울 **령** (13획)	零	부서질 **령** (13획)	領	거느릴 **령** (14획)	
	嶺	재 **령** (17획)	齡	나이 **령** (20획)	靈	신령 **령** (24획)			

음	한자	뜻·획수	한자	뜻·획수	한자	뜻·획수	한자	뜻·획수	한자	뜻·획수
례	例	견줄 례 (8획)	禮	예도 례 (18획)						
로	老	늙을 로 (6획)	勞	수고로울 로 (12획)	路	길 로 (13획)	魯	나라 로 (15획)		
	盧	이름 로 (16획)	爐	화로 로 (20획)	露	이슬 로 (20획)	鷺	백로 로 (23획)		
록	彔	나무깎을 록 (8획)	鹿	사슴 록 (11획)	祿	녹 록 (13획)	綠	초록빛 록 (14획)		
	錄	기록할 록 (16획)								
론	論	의논할 론 (획)								
롱	弄	희롱할 롱 (7획)	瀧	적실 롱 (20획)	瓏	옥소리 롱 (21획)	籠	채롱 롱 (22획)		
뢰	雷	우뢰 뢰 (13획)	賴	힘입을 뢰 (16획)						
료	了	마칠 료 (2획)	料	헤아릴 료 (10획)	僚	통관 료 (14획)				
룡	龍	용 룡 (10획)								
루	累	얽힐 루 (11획)	淚	눈물 루 (11획)	屢	여러 루 (14획)	漏	샐 루 (15획)		
	樓	다락 루 (15획)								

류	柳 버들 류 (9획)	留 머무를 류 (10획)	流 흐를 류 (11획)	琉 유리 류 (12획)
	劉 묘금도 류 (15획)	類 같을 류 (19획)		

륙	六 여섯 륙 (4획)	陸 육지, 뭍 륙 (16획)		

륜	侖 뭉치 륜 (8획)	倫 인륜 륜 (10획)	崙 산이름 륜 (11획)	綸 벼리 륜 (14획)
	輪 바퀴 륜 (15획)			

률	律 법 률 (9획)	栗 밤 률 (10획)	率 헤아릴 률 (11획)	

륭	隆 높을 륭 (17획)			

름	凜 찰 름 (15획)			

릉	綾 비단 릉 (14획)	菱 마름 릉 (14획)	陵 언덕 릉 (16획)	

리	吏 아전 리 (6획)	李 오얏 리 (7획)	里 마을 리 (7획)	利 이로울 리 (7획)
	俚 힘입을 리 (9획)	梨 배 리 (11획)	离 남방 리 (11획)	理 다스릴 리 (12획)
	莉 꽃 리 (13획)	裏 속 리 (13획)	裡 옷안 리 (13획)	履 신 리 (15획)

	한자	훈음	한자	훈음	한자	훈음	한자	훈음
	璃	유리 리 (16획)	離	떠날 리 (19획)				
린	潾	맑을 린 (16획)	璘	옥무늬 린 (17획)	隣	이웃 린 (20획)	麟	기린 린 (23획)
림	林	수풀 림 (8획)	琳	아름다운옥 림 (13획)	霖	장마 림 (16획)	臨	임할 림 (17획)
립	立	설 립 (5획)	笠	삿갓 립 (11획)	粒	쌀알 립 (11획)		
타	他	다를 타 (5획)	打	칠 타 (6획)	妥	편안할 타 (7획)	墮	떨어질 타 (15획)
탁	托	밀 탁 (7획)	卓	높을 탁 (8획)	度	헤아릴 탁 (9획)	倬	클 탁 (10획)
	託	부탁할 탁 (10획)	晫	환할 탁 (12획)	琢	옥다듬을 탁 (13획)	琸	사람이름 탁 (13획)
	濁	물흐릴 탁 (17획)	濯	씻을 탁 (18획)	擢	높을 탁 (18획)	鐸	요령 탁 (21획)
탄	呑	삼킬 탄 (7획)	坦	넓을 탄 (8획)	炭	숯 탄 (9획)	誕	탄생할 탄 (14획)
	彈	퉁길 탄 (15획)	歎	탄식할 탄 (15획)	灘	여울 탄 (23획)		
탈	脫	벗을 탈 (13획)	奪	빼앗을 탈 (14획)				
탐	耽	즐길 탐 (10획)	貪	탐낼 탐 (11획)	探	찾을 탐 (12획)		

탑	塔	탑 탑 (13획)							
탕	湯	물끓을 탕 (13획)							
태	太	클 태 (4획)	台	별 태 (5획)	兑	곧을 태 (7획)	汰	씻을 태 (8획)
	泰	클 태 (9획)	怠	게으를 태 (9획)	殆	위태할 태 (9획)	胎	삼태 태 (11획)
	邰	나라이름 태 (12획)	態	태도 태 (14획)				
택	宅	집 택 (6획)	坨	언덕 택 (9획)	澤	못 택 (17획)	擇	가릴 택 (17획)
토	土	흙 토 (3획)	吐	토할 토 (6획)	兎	토끼 토 (8획)	討	칠 토 (10획)
통	桶	통 통 (11획)	統	거느릴 통 (12획)	痛	아플 통 (12획)	通	통할 통 (14획)
퇴	堆	언덕 퇴 (11획)	退	물러갈 퇴 (13획)				
투	投	던질 투 (5획)	透	통할 투 (14획)	鬪	싸움 투 (20획)		
특	特	특별할 특 (10획)							

3. 토(土) ㅇ · ㅎ의 한자

아								
牙	어금니 아 (4획)	我	나 아 (7획)	亞	버금 아 (8획)	兒	아이 아 (8획)
芽	싹 아 (10획)	娥	예쁠 아 (10획)	峨	산이름 아 (10획)	雅	본디 아 (12획)
阿	언덕 아 (13획)	衙	마을 아 (13획)	餓	굶주릴 아 (16획)		

악								
岳	큰산 악 (8획)	堊	흰흙 악 (11획)	惡	악할 악 (12획)	樂	풍류 악 (15획)
嶽	큰메 악 (17획)						

안								
安	편안 안 (6획)	岸	언덕 안 (8획)	晏	늦을 안 (10획)	按	누를 안 (10획)
眼	눈 안 (11획)	案	상고할 안 (10획)	雁	기러기 안 (12획)	鴈	기러기 안 (15획)
顔	얼굴 안 (18획)						

알								
謁	뵈올 알 (16획)						

암								
岩	바위 암 (8획)	庵	암자 암 (11획)	暗	어두울 암 (13획)	菴	암자 암 (14획)
巖	바위 암 (23획)						

138

압	押	살필 압 (9획)	壓	누를 압 (17획)	鴨	집오리 압 (16획)		
앙	央	가운데 앙 (5획)	仰	우러러볼 앙 (6획)	昂	밝을 앙 (8획)	殃	재앙 앙 (9획)
	鴦	원앙새 앙 (16획)						
애	厓	언덕 애 (8획)	哀	슬플 애 (9획)	崖	낭떠러지 애 (11획)	涯	물가 애 (12획)
	愛	사랑 애 (13획)						
액	厄	재앙 액 (4획)	液	진액 액 (12획)	額	이마 액 (18획)		
앵	鶯	꾀꼬리 앵 (21획)						
야	也	이끼 야 (3획)	冶	쇠불릴 야 (7획)	夜	밤 야 (8획)	耶	어조사 야 (9획)
	野	들 야 (11획)						
약	約	맺을 약 (9획)	弱	약할 약 (10획)	若	같을 약 (11획)	躍	뛸 약 (21획)
	藥	약 약 (21획)						
양	羊	양 양 (6획)	洋	바다 양 (10획)	楊	버들 양 (13획)	揚	날릴 양 (13획)

漾	물모양 양 (14획)	養	기를 양 (15획)	樣	모양 양 (15획)	陽	볕 양 (17획)
襄	도울 양 (17획)	孃	아까씨 양 (20획)	壤	곱다란흙 양 (20획)	讓	사양 양 (24획)
어 於	어조사 어 (8획)	御	모실 어 (11획)	魚	고기 어 (11획)	語	말씀 어 (14획)
漁	고기잡을 어 (15획)						
억 抑	누를 억 (8획)	億	억 억 (15획)	憶	생각할 억 (17획)	檍	참죽나무 억 (17획)
언 言	말씀 언 (7획)	彦	선비 언 (9획)	焉	어찌 언 (11획)	諺	속담 언 (16획)
엄 奄	문득 엄 (8획)	俺	나 엄 (10획)	掩	거둘 엄 (12획)	嚴	엄할 엄 (20획)
업 業	일 업 (13획)	嶪	산높을 업 (16획)				
여 予	줄 여 (4획)	如	같을 여 (6획)	汝	너 여 (7획)	余	나 여 (7획)
與	더불어 여 (14획)	餘	남을 여 (16획)	輿	수레 여 (17획)		
역 亦	또 역 (6획)	役	부릴 역 (7획)	易	바꿀 역 (8획)	疫	염병 역 (9획)
域	지경 역 (11획)	晹	해반짝날 역 (13획)	逆	거스릴 역 (13획)	驛	역말 역 (23획)

역	譯 번역할 **역** (20획)			
연	延 맞을 **연** (7획)	妍 고울 **연** (9획)	沿 내려갈 **연** (9획)	硏 갈 **연** (9획)
	衍 넓을 **연** (9획)	沇 물흐르는 모양 **연** (8획)	宴 잔치 **연** (10획)	娟 예쁠 **연** (10획)
	烟 연기 **연** (10획)	涓 물방울 **연** (11획)	軟 부드러울 **연** (11획)	淵 못 **연** (12획)
	硯 벼루 **연** (12획)	然 그럴 **연** (12획)	鉛 납 **연** (13획)	煙 연기 **연** (13획)
	筵 만연할 **연** (13획)	演 넓을 **연** (15획)	緣 인연 **연** (15획)	燃 불탈 **연** (16획)
	燕 제비 **연** (16획)			
열	悅 기뻐할 **열** (11획)	說 말씀 **열** (14획)	熱 더울 **열** (15획)	閱 읽을 **열** (15획)
염	炎 불꽃 **염** (8획)	染 물들일 **염** (9획)	琰 비취옥 **염** (13획)	艷 고울 **염** (19획)
	鹽 소금 **염** (24획)			
엽	葉 잎 **엽** (15획)	燁 번쩍거릴 **엽** (16획)	曄 빛날 **엽** (16획)	
영	永 길 **영** (5획)	泳 헤엄칠 **영** (8획)	映 비칠 **영** (9획)	盈 찰 **영** (9획)

	한자	훈음	한자	훈음	한자	훈음	한자	훈음
	英	꽃뿌리 영 (11획)	迎	맞을 영 (11획)	渶	물맑을 영 (13획)	楹	기둥 영 (13획)
	煐	빛날 영 (13획)	詠	읊을 영 (13획)	暎	비칠 영 (13획)	榮	영화 영 (14획)
	瑛	옥광채 영 (14획)	影	그림자 영 (15획)	塋	무덤 영 (5획)	鍈	방울소리 영 (17획)
	嬰	어릴 영 (17획)	營	경영할 영 (17획)	瀯	물소리 영 (21획)		
예	芮	성 예 (10획)	預	미리 예 (13획)	睿	슬기로울 예 (14획)	銳	날카로울 예 (15획)
	叡	밝을 예 (16획)	豫	먼저 예 (16획)	藝	재주 예 (21획)	譽	명예 예 (21획)
오	午	낮 오 (4획)	五	다섯 오 (4획)	吾	나 오 (7획)	汚	더러울 오 (6획)
	吳	나라 오 (7획)	旿	밝을 오 (8획)	晤	맞을 오 (9획)	娛	예쁜계집 오 (10획)
	烏	까마귀 오 (10획)	悟	깨달을 오 (10획)	梧	오동 오 (11획)	晤	밝을 오 (11획)
	珸	옥 다음가는 오 (11획)	奧	깊을 오 (13획)	傲	거만할 오 (13획)	嗚	탄식할 오 (13획)
	誤	잘못 오 (14획)						
옥	玉	구슬 옥 (5획)	沃	기름질 옥 (8획)	屋	집 옥 (9획)	獄	우리 옥 (12획)

음	한자	뜻·음 (획수)	한자	뜻·음 (획수)	한자	뜻·음 (획수)	한자	뜻·음 (획수)	한자	뜻·음 (획수)
옥	鈺	보배 옥 (13획)								
온	媼	할미 온 (13획)	溫	따뜻할 온 (14획)	瑥	이름 온 (15획)	穩	편안할 온 (19획)		
옹	翁	늙은이 옹 (10획)	雍	화할 옹 (13획)	甕	막을 옹 (16획)	擁	안을 옹 (16획)		
와	瓦	기와 와 (5획)	臥	누울 와 (8획)						
완	完	완전할 완 (7획)	玩	보배 완 (8획)	浣	옷빨 완 (10획)	垸	희섞어칠할 완 (11획)		
	婉	어여쁠 완 (11획)	婠	몸어여쁠 완 (11획)	莞	웃을 완 (11획)	琓	서옥 완 (12획)		
	琬	서옥 완 (12획)	緩	늦을 완 (15획)						
왈	曰	말할 왈 (4획)								
왕	王	임금 왕 (4획)	旺	왕성할 왕 (8획)	往	갈 왕 (8획)	汪	못 왕 (7획)		
	枉	굽을 왕 (8획)								
외	外	바깥 외 (5획)	畏	두려워할 외 (9획)						
요	夭	죽을 요 (4획)	要	구할 요 (9획)	堯	임금 요 (12획)	搖	흔들 요 (14획)		

음	한자	훈음	한자	훈음	한자	훈음	한자	훈음
	腰	허리 요 (14획)	瑤	구슬 요 (15획)	樂	좋아할 요 (15획)	謠	노래 요 (17획)
	遙	멀 요 (17획)	曜	빛날 요 (18획)	耀	빛날 요 (20획)	饒	배부를 요 (21획)
욕	辱	욕될 욕 (10획)	浴	목욕할 욕 (11획)	欲	하고자 욕 (11획)	慾	욕심낼 욕 (15획)
용	用	쓸 용 (5획)	勇	날랠 용 (9획)	容	얼굴 용 (10획)	庸	떳떳 용 (11획)
	涌	물솟을 용 (11획)	茸	풀날 용 (12획)	湧	물솟을 용 (13획)	溶	녹을 용 (14획)
	榕	나무 용 (14획)	踊	뛸 용 (14획)	墉	담 용 (14획)	瑢	옥소리 용 (15획)
	蓉	부용 용 (16획)	鎔	녹을 용 (18획)	鏞	쇠북 용 (19획)		
우	又	또 우 (2획)	于	어조사 우 (3획)	友	벗 우 (4획)	尤	더욱 우 (4획)
	牛	소 우 (4획)	右	오른쪽 우 (5획)	羽	깃 우 (6획)	宇	집 우 (6획)
	佑	도울 우 (7획)	雨	비 우 (8획)	玗	옥돌 우 (8획)	禹	하우씨 우 (9획)
	祐	도울 우 (10획)	迂	멀 우 (10획)	偶	우연 우 (11획)	釪	풍류그릇 우 (11획)
	堣	모퉁이 우 (12획)	寓	붙여살 우 (12획)	愚	어리석을 우 (13획)	瑀	옥돌 우 (14획)

우	郵 우편 우 (15획)	憂 근심 우 (15획)	遇 만날 우 (16획)	優 넉넉할 우 (13획)
	隅 모퉁이 우 (17획)			
욱	旭 빛날 욱 (6획)	昱 밝을 욱 (9획)	彧 빛날 욱 (10획)	煜 빛날 욱 (13획)
	郁 문채날 욱 (13획)	頊 삼갈 욱 (14획)		
운	云 이를 운 (4획)	沄 끓을 운 (8획)	雲 구름 운 (12획)	運 운전할 운
	澐 큰물결 운 (16획)	韻 운 운 (19획)		
울	蔚 고울이름 울 (13획)			
웅	雄 수컷 웅 (12획)	熊 곰 웅 (14획)		
원	元 으뜸 원 (4획)	沅 물이름 원 (8획)	垣 낮은 담 원 (9획)	怨 원망할 원 (9획)
	洹 물이름 원 (10획)	員 관원 원 (10획)	袁 성 원 (10획)	原 근본 원 (10획)
	苑 동산 원 (11획)	媛 예쁠 원 (12획)	嫄 어머니 원 (13획)	園 동산 원 (13획)
	圓 둥글 원 (13획)	援 도울 원 (13획)	瑗 구슬 원 (14획)	源 근원 원 (14획)

愿	성실한 원 (14획)	院	집 원 (15획)	遠	멀 원 (17획)	願	원할 원 (19획)
轅	진문 원 (17획)						

월	月	달 월 (4획)	越	넘을 월 (12획)				

위	危	위태할 위 (6획)	位	자리 위 (7획)	委	맡길 위 (8획)	威	위엄 위 (9획)
	韋	가죽 위 (9획)	偉	클 위 (11획)	胃	밥통 위 (11획)	尉	벼슬이름 위 (11획)
	暐	빛날 위 (13획)	渭	물이름 위 (13획)	爲	위할 위 (12획)	圍	둘릴 위 (12획)
	瑋	구슬 위 (14획)	僞	거짓 위 (14획)	緯	씨 위 (15획)	慰	위로할 위 (15획)
	衛	호위할 위 (16획)	謂	이를 위 (16획)	違	어길 위 (16획)	魏	위나라 위 (18획)

유	幼	어릴 유 (5획)	由	말미암을 유 (5획)	有	있을 유 (6획)	酉	닭 유 (7획)
	乳	젖 유 (8획)	侑	짝 유 (8획)	油	기름 유 (9획)	幽	깊을 유 (9획)
	柔	부드러울 유 (9획)	兪	성 유 (9획)	宥	용서할 유 (9획)	洧	물이름 유 (10획)
	唯	오직 유 (11획)	悠	멀 유 (11획)	惟	생각할 유 (12획)	庾	창고 유 (12획)

음				
유	喩 비유할 유 (12획)	裕 너그러울 유 (13획)	猶 오히려 유 (12획)	楡 느릅나무 유 (13획)
	愈 나을 유 (13획)	猷 꾀 유 (13획)	維 벼리 유 (14획)	誘 꾀일 유 (14획)
	瑜 아름다운옥 유 (14획)	儒 선비 유 (16획)	遊 놀 유 (16획)	遺 끼칠 유 (19획)
육	肉 고기 육 (6획)	育 기를 육 (10획)	堉 기름진 땅 육 (11획)	
윤	允 진실로 윤 (4획)	尹 믿을 윤 (4획)	玧 옥빛 윤 (9획)	胤 씨 윤 (11획)
	鈗 병기 윤 (12획)	閏 윤달 윤 (12획)	潤 윤택할 윤 (16획)	
융	融 화할 융 (16획)			
은	垠 언덕 은 (9획)	恩 은혜 은 (10획)	殷 은나라 은 (10획)	銀 은 은 (14획)
	誾 화평 은 (15획)	隱 숨을 은 (22획)		
을	乙 새 을 (1획)			
음	吟 읊을 음 (7획)	音 소리 음 (9획)	陰 그늘 음 (16획)	飮 마실 음 (13획)
	淫 음탕할 음 (12획)			

음								
읍	邑	고을 읍 (7획)	泣	울 읍 (9획)				
응	凝	엉길 응 (16획)	應	응할 응 (17획)	膺	가슴 응 (17획)	鷹	매 응 (12획)
의	衣	옷 의 (6획)	矣	어조사 의 (7획)	依	의지할 의 (8획)	倚	의지할 의 (8획)
	宜	마땅할 의 (10획)	意	뜻 의 (13획)	義	옳을 의 (13획)	疑	의심할 의 (14획)
	儀	거동 의 (15획)	誼	옳을 의 (15획)	毅	굳셀 의 (15획)	醫	의원 의 (18획)
	擬	비길 의 (18획)	議	의논 의 (20획)				
이	二	둘 이 (2획)	已	이미 이 (3획)	以	써 이 (5획)	耳	귀 이 (6획)
	弛	놓을 이 (6획)	伊	저 이 (6획)	而	이을 이 (6획)	夷	오랑캐 이 (6획)
	易	쉬울 이 (8획)	怡	기쁠 이 (9획)	珥	귀고리 이 (11획)	移	옮길 이 (11획)
	異	다를 이 (11획)	貳	두 이 (12획)	爾	너 이 (14획)	彝	떳떳할 이 (16획)
	彝	떳떳할 이 (18획)						
익	益	더할 익 (10획)	翊	도울 익 (11획)	謚	빙그레 익 (17획)	翼	날개 익 (18획)

익	瀷	스며흐를 익 (22획)							
인	人	사람 인 (2획)	刃	칼날 인 (3획)	仁	어질 인 (4획)	引	이끌 인 (4획)
	因	인할 인 (6획)	印	도장 인 (6획)	忍	참을 인 (7획)	姻	혼인할 인 (9획)
	寅	범 인 (11획)	認	인정할 인 (14획)				
일	一	한 일 (1획)	日	날 일 (4획)	壹	한 일 (12획)	溢	넘칠 일 (14획)
	馹	역마 일 (14획)	逸	편안할 일 (15획)	鎰	스물녁냥쭝 일 (18획)		
임	壬	북방 임 (4획)	任	맡길 임 (6획)	妊	아이밸 임 (7획)	林	수풀 임 (8획)
	姙	아이밸 임 (9획)	稔	풍년들 임 (13획)	賃	품팔이 임 (13획)	臨	임할 임 (17획)
입	入	들 입 (2획)							
잉	剩	남을 잉 (12획)							
하	下	아래 하 (3획)	何	어찌 하 (7획)	河	물 하 (9획)	昰	여름 하 (9획)
	夏	여름 하 (10획)	賀	하례할 하 (12획)	廈	큰집 하 (12획)	荷	연꽃 하 (13획)

음	한자	훈·음	한자	훈·음	한자	훈·음	한자	훈·음
	廈	큰집 하 (13획)	霞	노을 하 (17획)				
학	學	배울 학 (16획)	鶴	학 학 (21획)				
한	汗	땀 한 (7획)	旱	가물 한 (7획)	恨	한할 한 (10획)	寒	찰 한 (12획)
	閑	막을 한 (12획)	閒	한가할 한 (12획)	限	한정 한 (14획)	漢	한나라 한 (15획)
	澣	옷빨 한 (15획)	翰	날개 한 (16획)	韓	나라 한 (17획)	瀚	질펀할 한 (20획)
할	割	벨 할 (12획)	轄	다스릴 할 (17획)				
함	含	머금할 함 (7획)	函	함 함 (8획)	咸	다 함 (9획)	涵	젖을 함 (12획)
	陷	빠질 함 (6획)	艦	싸움배 함 (20획)				
합	合	합할 합 (6획)						
항	亢	목 항 (4획)	沆	큰물 항 (8획)	抗	항거할 항 (8획)	巷	거리 항 (9획)
	姮	계집이름 항 (9획)	恒	항상 항 (10획)	航	배 항 (10획)	項	목뒤 항 (12획)
	港	항구 항 (13획)						

해	亥	돼지 해 (6획)	害	해할 해 (10획)	奚	어찌 해 (10획)	偕	함께할 해 (11획)
	海	바다 해 (11획)	該	그 해 (13획)	解	풀 해 (13획)	楷	본뜰 해 (13획)
	諧	화할 해 (16획)						
핵	核	씨 핵 (10획)						
행	行	행할 행 (6획)	杏	살구 행 (7획)	幸	다행 행 (8획)		
향	向	향할 향 (6획)	香	향기 향 (9획)	享	드릴 향 (8획)	珦	옥이름 향 (11획)
	鄕	시골 향 (17획)	響	소리울림 향 (22획)				
허	許	허락할 허 (11획)	虛	빌 허 (12획)	墟	큰언덕 허 (15획)		
헌	軒	추녀끝 헌 (10획)	憲	법 헌 (16획)	獻	드릴 헌 (20획)		
험	險	험할 험 (21획)	驗	증험할 험 (23획)				
혁	革	가죽 혁 (9획)	赫	빛날 혁 (14획)	爀	빛날 혁 (18획)		
현	玄	검을 현 (5획)	見	보일 현 (7획)	弦	활시위 현 (8획)	炫	밝을 현 (9획)

	한자	훈·음 (획수)	한자	훈·음 (획수)	한자	훈·음 (획수)	한자	훈·음 (획수)
	泫	물깊을 현 (9획)	玹	옥돌 현 (10획)	峴	고개 현 (10획)	絃	풍류줄 현 (11획)
	睍	고울 현 (11획)	現	나타날 현 (12획)	鉉	솥귀 현 (13획)	賢	어질 현 (15획)
	縣	고을 현 (16획)	懸	달릴 현 (20획)	顯	나타날 현 (23획)		
혈	穴	구멍 혈 (5획)	血	피 혈 (6획)				
협	協	화합 협 (8획)	俠	협기 협 (9획)	峽	두뫼 협 (10획)	浹	사무칠 협 (11획)
	挾	낄 협 (11획)	脅	갈비 협 (12획)				
형	兄	맏 형 (5획)	形	형상 형 (7획)	刑	형벌 형 (6획)	亨	형통할 형 (7획)
	型	골 형 (9획)	洞	찰 형 (9획)	炯	빛날 형 (9획)	珩	노리개 형 (11획)
	邢	나라이름 형 (11획)	瑩	옥빛 형 (15획)	螢	반디 형 (16획)	衡	저울대 형 (16획)
	滢	맑을 형 (19획)	馨	향기로울 형 (20획)				
혜	兮	어조사 혜 (4획)	彗	자비 혜 (11획)	惠	은혜 혜 (12획)	慧	슬기 혜 (15획)
	蕙	난초 혜 (18획)	譓	살필 혜 (22획)				

호	戶	집 호 (4획)	互	서로 호 (4획)	乎	어조사 호 (5획)	好	좋을 호 (6획)
	虎	범 호 (8획)	呼	부를 호 (8획)	昊	하늘 호 (8획)	祜	복 호 (10획)
	浩	넓을 호 (11획)	胡	어찌 호 (11획)	毫	터럭 호 (11획)	晧	해돋을 호 (11획)
	扈	뒤따를 호 (11획)	壺	병 호 (12획)	淏	맑을 호 (12획)	皓	흴 호 (12획)
	琥	호박 호 (13획)	號	이름 호 (13획)	湖	호수 호 (13획)	瑚	산호 호 (14획)
	豪	호걸 호 (14획)	澔	빛날 호 (16획)	壕	땅이름 호 (17획)	濠	물이름 호 (18획)
	鎬	호경 호 (18획)	護	호위 호 (21획)	顥	클 호 (21획)	頀	풍류 호 (23획)
	灝	넓을 호 (25획)						

혹	或	혹 혹 (8획)	惑	미혹할 혹 (12획)				
혼	昏	어두울 혼 (8획)	婚	혼인할 혼 (11획)	混	섞일 혼 (12획)	渾	흐릴 혼 (13획)
	魂	넋 혼 (14획)						
홀	忽	문득 홀 (8획)	惚	황홀할 홀 (12획)				

홍	弘	클 홍 (5획)	虹	무지개 홍 (9획)	泓	물깊을 홍 (9획)	紅	붉을 홍 (9획)
	烘	횃불 홍 (10획)	洪	넓을 홍 (10획)	鴻	기러기 홍 (17획)		
화	化	될 화 (4획)	火	불 화 (4획)	禾	벼 화 (5획)	和	화할 화 (8획)
	花	꽃 화 (10획)	貨	재물 화 (11획)	畫	그림 화 (12획)	畵	그림 화 (13획)
	話	말씀 화 (13획)	禍	재화 화 (14획)	華	빛날 화 (14획)	嬅	계집엄전할 화 (15획)
	樺	벚나무 화 (16획)						
확	確	확실할 확 (15획)	穫	곡식거둘 확 (19획)	擴	넓힐 확 (19획)		
환	丸	둥글 환 (3획)	幻	변화할 환 (4획)	奐	클 환 (9획)	桓	군셀 환 (10획)
	患	근심 환 (11획)	皖	밝을 환 (11획)	喚	부를 환 (12획)	煥	빛날 환 (13획)
	換	바꿀 환 (13획)	渙	흩어질 환 (13획)	環	고리 환 (18획)	還	돌아올 환 (20획)
	鐶	고리 환 (21획)	歡	기쁠 환 (22획)				
활	活	살 활 (10획)	闊	넓을 활 (17획)	濶	넓을 활 (17획)		

음	한자	뜻·음	한자	뜻·음	한자	뜻·음	한자	뜻·음
황	皇	임금 황 (9획)	況	하물며 황 (9획)	晃	밝을 황 (10획)	凰	봉황새 황 (11획)
	黃	누를 황 (12획)	荒	거칠 황 (12획)	堭	전각 황 (12획)	媓	이름 황 (12획)
	惶	두려울 황 (13획)	滉	물깊을 황 (14획)	榥	책상 황 (14획)	璜	반둥근패옥 황 (17획)
회	回	돌아올 회 (6획)	灰	재 회 (6획)	廻	돌아올 회 (9획)	恢	클 회 (10획)
	晦	그믐 회 (11획)	悔	뉘우칠 회 (11획)	會	모일 회 (13획)	澮	개천 회 (17획)
	檜	노송나무 회 (17획)	繪	그림 회 (19획)	懷	품을 회 (20획)		
획	劃	그을 획 (14획)	獲	얻을 획 (17획)				
횡	橫	비낄 횡 (16획)						
효	爻	형상 효 (4획)	孝	효도 효 (7획)	効	본받을 효 (8획)	效	본받을 효 (10획)
	涍	물가 효 (11획)	曉	새벽 효 (16획)	驍	날랠 효 (22획)		
후	后	황후 후 (6획)	侯	제후 후 (9획)	後	뒤 후 (9획)	厚	두터울 후 (9획)
	垕	두터울 후 (9획)	候	기후 후 (10획)	喉	목구멍 후 (12획)	逅	만날 후 (13획)

훈	訓	가르칠 훈 (10획)	焄	향내 훈 (11획)	勛	공적 훈 (12획)	塤	질나팔 훈 (13획)
	熏	불사를 훈 (14획)	勳	공 훈 (16획)	壎	흙풍류 훈 (17획)	燻	불기운 훈 (18획)
	薰	향기풀 훈 (20획)						
훤	喧	지꺼릴 훤 (12획)	暄	따뜻할 훤 (13획)	萱	원추리 훤 (15획)		
훼	毁	헐 훼 (13획)						
휘	輝	빛날 휘 (13획)	暉	햇빛 휘 (13획)	揮	흩을 휘 (13획)	彙	무리 휘 (13획)
	煇	빛날 휘 (15획)	徽	아름다울 휘 (17획)				
휴	休	쉴 휴 (6획)	烋	아름다울 휴 (10획)	携	가질 휴 (14획)		
흉	凶	흉할 흉 (4획)	胸	가슴 흉 (12획)				
흑	黑	검을 흑 (12획)						
흔	欣	기쁠 흔 (8획)	昕	해돋을 흔 (8획)	炘	화끈거릴 흔 (8획)		
흘	屹	산우뚝할 흘 (6획)						

흠	欽	공경할 흠 (12획)						
흡	吸	마실 흡 (7획)	洽	젖을 흡 (10획)	恰	흡사할 흡 (10획)	翕	모일 흡 (12획)
흥	興	일어날 흥 (15획)						
희	希	바랄 희 (7획)	姬	첩 희 (9획)	晞	마를 희 (11획)	熙	빛날 희 (13획)
	喜	기쁠 희 (12획)	稀	드물 희 (12획)	僖	즐거울 희 (14획)	嬉	희롱할 희 (15획)
	熹	밝을 희 (16획)	熹	밝을 희 (16획)	憙	기뻐할 희 (16획)	噫	탄식할 희 (17획)
	禧	복 희 (17획)	戲	희롱할 희 (17획)	羲	기훈 희 (16획)	熙	화할 희 (15획)
	曦	햇빛 희 (20획)	爔	불 희 (20획)				
힐	詰	힐난할 힐 (13획)						

4. 금(金) ㅅ·ㅈ·ㅊ의 한자

사

한자	뜻·음	한자	뜻·음	한자	뜻·음	한자	뜻·음
士	선비 사 (3획)	巳	뱀 사 (3획)	四	넉 사 (4획)	仕	벼슬 사 (5획)
史	사기 사 (5획)	司	맡을 사 (5획)	死	죽을 사 (6획)	糸	실 사 (6획)
寺	절 사 (6획)	私	사사 사 (7획)	似	같을 사 (7획)	社	모일 사 (8획)
沙	모래 사 (8획)	舍	집 사 (8획)	事	일 사 (8획)	祀	제사 사 (8획)
使	하여금 사 (8획)	泗	물이름 사 (9획)	砂	주사 사 (9획)	思	생각 사 (9획)
査	사실할 사 (9획)	紗	깁 사 (10획)	射	쏠 사 (10획)	師	스승 사 (10획)
娑	너풀거릴 사 (11획)	蛇	뱀 사 (11획)	徙	옮길 사 (11획)	斜	비낄 사 (11획)
邪	간사할 사 (11획)	斯	이 사 (12획)	詐	거짓 사 (12획)	絲	실 사 (12획)
捨	놓을 사 (12획)	奢	사치할 사 (12획)	詞	말씀 사 (12획)	賜	줄 사 (15획)
寫	쓸 사 (15획)	謝	끊을 사 (17획)	辭	말씀 사 (19획)		

삭

한자	뜻·음	한자	뜻·음
削	깎을 삭 (9획)	朔	초하루 삭 (10획)

음	한자	훈·음	한자	훈·음	한자	훈·음	한자	훈·음	한자	훈·음
산	山	뫼 산 (3획)	珊	산호 산 (10획)	産	낳을 산 (11획)	傘	우산 산 (12획)		
	散	흩어질 산 (12획)	酸	실 산 (14획)	算	셈할 산 (14획)				
살	殺	죽일 살 (11획)	薩	보살 살 (20획)						
삼	三	셋 삼 (3획)	杉	삼나무 삼 (7획)	參	셋 삼 (11획)	森	빽빽할 삼 (12획)		
	蔘	인삼 삼 (17획)								
삽	插	꽂을 삽 (12획)								
상	上	윗 상 (3획)	床	평상 상 (7획)	尙	오히려 상 (8획)	狀	형상 상 (8획)		
	牀	평상 상 (8획)	相	서로 상 (9획)	庠	대학 상 (9획)	桑	뽕나무 상 (10획)		
	常	항상 상 (11획)	祥	상서 상 (11획)	商	장사 상 (11획)	爽	시원할 상		
	翔	날개 상 (12획)	象	코끼리 상 (12획)	喪	복입을 상 (12획)	傷	상할 상 (13획)		
	湘	물이름 상 (13획)	詳	자세할 상 (13획)	想	생각할 상 (13획)	像	형상 상 (14획)		
	裳	치마 상 (14획)	嘗	일찍 상 (14획)	箱	상자 상 (15획)	賞	상줄 상 (15획)		

	償	갚을 상 (17획)	霜	서리 상 (17획)				
새	塞	변방 새 (13획)						
색	色	빛 색 (6획)	索	찾을 색 (10획)	嗇	인색할 색 (13획)		
생	生	날 생 (5획)						
서	西	서쪽 서 (6획)	序	차례 서 (7획)	抒	당길 서 (8획)	叙	차례 서 (9획)
	書	글 서 (10획)	栖	쉴 서 (10획)	徐	천천히 서 (10획)	恕	용서할 서 (10획)
	庶	뭇 서 (11획)	敍	차례 서 (11획)	壻	사위 서 (12획)	婿	사위 서 (12획)
	棲	쉴 서 (12획)	暑	더울 서 (13획)	舒	펼 서 (12획)	瑞	상서 서 (14획)
	誓	맹세할 서 (14획)	緖	실끝 서 (15획)	署	관청 서 (15획)	曙	새벽 서 (18획)
석	夕	저녁 석 (3획)	石	돌 석 (5획)	汐	썰물 석 (7획)	析	나눌 석 (8획)
	昔	옛 석 (8획)	席	자리 석 (10획)	秙	섬 석 (10획)	惜	아낄 석 (12획)
	淅	쌀일 석 (12획)	晳	분석할 석 (12획)	鉐	놋쇠 석 (13획)	碩	클 석 (14획)

석	奭	클 석 (15획)	錫	주석 석 (16획)	釋	놓을 석 (20획)		
선	仙	신선 선 (5획)	先	먼저 선 (6획)	宣	베풀 선 (9획)	扇	부채 선 (10획)
	船	배 선 (11획)	旋	돌이킬 선 (11획)	琁	옥돌 선 (12획)	善	착할 선 (12획)
	羨	부러워할 선 (13획)	愃	쾌할 선 (13획)	渲	물적실 선 (13획)	銑	분쇠 선 (14획)
	瑄	둥근옥 선 (14획)	線	실 선 (15획)	墡	백토 선 (15획)	嬋	고울 선 (15획)
	璇	옥이름 선 (16획)	鮮	생선 선 (17획)	禪	고요할 선 (17획)	膳	반찬 선 (18획)
	繕	기울 선 (18획)	選	가릴 선 (19획)	璿	옥 선 (19획)		
설	設	베풀 설 (11획)	雪	눈 설 (11획)	舌	혀 설 (6획)	卨	은나라이름 설 (11획)
	說	말씀 설 (14획)						
섬	暹	나아갈 섬 (19획)	纖	가늘 섬 (23획)	蟾	두꺼비 섬 (19획)		
섭	涉	건널 섭 (11획)	燮	화할 섭 (17획)	攝	끌어당길 섭 (22획)		
성	成	이룰 성 (6획)	姓	성 성 (8획)	星	별 성 (9획)	性	성품 성 (9획)

省 살필 성 (9획)	城 재 성 (10획)	娍 아름다울 성 (10획)	晟 밝을 성 (11획)
珹 옥 성 (12획)	盛 성할 성 (11획)	聖 성인 성 (13획)	惺 깨달을 성 (13획)
瑆 옥빛 성 (13획)	誠 정성 성 (14획)	醒 술깰 성 (16획)	聲 소리 성 (17획)
세 世 인간 세 (5획)	洗 씻을 세 (10획)	細 가늘 세 (11획)	稅 세금 세 (12획)
勢 기세 세 (13획)	歲 해 세 (13획)		
소 小 작을 소 (3획)	少 젊을 소 (4획)	召 부를 소 (5획)	所 바 소 (8획)
昭 소목 소 (9획)	炤 밝을 소 (9획)	沼 굽은못 소 (9획)	素 흴 소 (10획)
笑 웃을 소 (10획)	紹 이을 소 (11획)	巢 새집 소 (11획)	疏 소통할 소 (12획)
消 사라질 소 (11획)	訴 송사할 소 (12획)	掃 쓸 소 (12획)	疎 성길 소 (12획)
邵 높을 소 (12획)	韶 아름다울 소 (14획)	燒 불사를 소 (16획)	遡 거스릴 소 (17획)
蔬 나물 소 (17획)	騷 시끄러울 소 (20획)	蘇 깨어날 소 (22획)	
속 束 묶음 속 (7획)	俗 풍속 속 (9획)	粟 조 속 (12획)	速 빠를 속 (14획)

음	한자	뜻·획수	한자	뜻·획수	한자	뜻·획수	한자	뜻·획수
속	屬	붙을 속 (21획)	續	이을 속 (21획)				
손	孫	손자 손 (10획)	巽	낮을 손 (12획)	損	덜 손 (14획)	遜	겸손할 손 (17획)
솔	率	거느릴 솔 (11획)						
송	宋	송나라 송 (7획)	松	솔 송 (8획)	訟	송사할 송 (11획)	頌	칭송할 송 (13획)
	送	보낼 송 (13획)	誦	욀 송 (14획)				
쇄	刷	문지를 쇄 (8획)	鎖	잠글 쇄 (18획)				
쇠	衰	쇠약할 쇠 (10획)	釗	힘쓸 쇠 (10획)				
수	手	손 수 (4획)	水	물 수 (4획)	囚	가둘 수 (5획)	收	거둘 수 (6획)
	守	지킬 수 (6획)	秀	빼어날 수 (7획)	受	받을 수 (8획)	垂	드리울 수 (8획)
	首	머리 수 (9획)	帥	장수 수 (9획)	洙	물이름 수 (9획)	殊	다를 수 (10획)
	修	닦을 수 (10획)	脩	닦을 수 (10획)	授	줄 수 (12획)	須	수염 수 (12획)
	琇	옥돌 수 (12획)	愁	근심 수 (13획)	睡	졸 수 (13획)	銖	저울눈 수 (14획)

한자	훈음	한자	훈음	한자	훈음	한자	훈음
粹	순전할 수 (14획)	壽	목숨 수 (14획)	需	구할 수 (14획)	數	셈 수 (15획)
誰	누구 수 (15획)	輸	실을 수 (16획)	樹	나무 수 (16획)	遂	드디어 수 (16획)
雖	비록 수 (17획)	穗	이삭 수 (17획)	隋	나라 수 (17획)	繡	수놓을 수 (19획)
獸	짐승 수 (19획)	隧	따를 수 (21획)	髓	골수 수 (23획)		

숙

한자	훈음	한자	훈음	한자	훈음	한자	훈음
叔	아재비 숙 (8획)	宿	잘 숙 (11획)	孰	누구 숙 (11획)	淑	맑을 숙 (12획)
琡	구슬 숙 (12획)	肅	엄숙할 숙 (13획)	塾	글방 숙 (14획)	熟	익을 숙 (15획)
璹	옥그릇 숙 (19획)						

순

한자	훈음	한자	훈음	한자	훈음	한자	훈음
旬	열흘 순 (6획)	巡	순행할 순 (7획)	盾	방패 순 (9획)	純	순전할 순 (10획)
殉	순교할 순 (10획)	洵	믿을 순 (10획)	珣	옥그릇 순 (11획)	荀	풀이름 순 (12획)
筍	대 순 (12획)	舜	임금 순 (12획)	順	순할 순 (12획)	焞	밝을 순 (획)
循	돌 순 (12획)	淳	순박할 순 (12획)	脣	입술 순 (13획)	諄	가르칠 순 (15획)
醇	순후할 순 (15획)	錞	사발종 순 (16획)	瞬	눈깜짝할 순 (17획)		

164

술	戌 개 술 (6획)	術 재주 술 (11획)	述 지을 술 (12획)	
숭	崇 높을 숭 (11획)			
슬	膝 무릎 슬 (17획)	瑟 큰거문고 슬 (14획)		
습	拾 주울 습 (10획)	習 익힐 습 (11획)	濕 젖을 습 (18획)	襲 엄습할 습 (22획)
승	升 되 승 (4획)	丞 정승 승 (6획)	昇 오를 승 (8획)	承 이을 승 (8획)
	乘 탈 승 (10획)	勝 이길 승 (12획)	僧 중 승 (14획)	陞 오를 승 (15획)
	繩 줄 승 (19획)			
시	市 저자 시 (5획)	示 보일 시 (5획)	始 비로소 시 (8획)	侍 모실 시 (8획)
	是 이 시 (9획)	施 베풀 시 (9획)	屍 주검 시 (9획)	柴 섶 시 (9획)
	時 때 시 (10획)	視 볼 시 (12획)	詩 글 시 (13획)	試 시험할 시 (13획)
식	式 법 식 (6획)	食 밥 식 (9획)	息 쉴 식 (10획)	拭 점판 식 (10획)
	埴 진흙 식 (11획)	植 심을 식 (12획)	寔 이 식 (12획)	殖 날 식 (12획)

	湜	물맑을 식 (12획)	軾	수레나무 식 (13획)	飾	꾸밀 식 (14획)	識	알 식 (19획)
신	申	납 신 (5획)	臣	신하 신 (6획)	伸	펼 신 (7획)	辛	매울 신 (7획)
	身	몸 신 (7획)	信	믿을 신 (9획)	神	신령할 신 (10획)	迅	빠를 신 (10획)
	訊	물을 신 (10획)	紳	큰띠 신 (11획)	晨	새벽 신 (11획)	新	새 신 (13획)
	莘	약이름 신 (13획)	愼	삼갈 신 (14획)	薪	섶 신 (19획)		
실	失	잃을 실 (5획)	室	집 실 (9획)	悉	다 실 (11획)	實	열매 실 (14획)
심	心	마음 심 (4획)	沁	물적실 심 (8획)	甚	심할 심 (9획)	尋	찾을 심 (12획)
	深	깊을 심 (12획)	審	살필 심 (15획)				
십	十	열 십 (2획)	什	열사람 십 (4획)				
쌍	雙	쌍 쌍 (18획)						
씨	氏	성 씨 (4획)						
자	子	아들 자 (3획)	仔	자세 자 (5획)	自	스스로 자 (6획)	字	글자 자 (6획)

자	姊	누이 자 (8획)	姉	누이 자 (8획)	刺	찌를 자 (8획)	姿	맵시 자 (9획)
	者	놈 자 (9획)	玆	이 자 (10획)	恣	방자할 자 (10획)	瓷	오지그릇 자 (11획)
	紫	붉을 자 (11획)	資	재물 자 (13획)	雌	암컷 자 (13획)	滋	부를 자 (14획)
	慈	사랑할 자 (14획)	磁	자석 자 (15획)	藉	깔 자 (20획)		
작	作	지을 작 (7획)	灼	사를 작 (7획)	芍	작약 작 (9획)	昨	어제 작 (9획)
	酌	술 작 (10획)	雀	참새 작 (11획)	爵	벼슬 작 (18획)	鵲	까치 작 (19획)
잔	殘	남을 잔 (12획)						
잠	暫	잠깐 잠 (15획)	箴	바늘 잠 (15획)	潛	숨을 잠 (18획)	蠶	누에 잠 (24획)
잡	雜	섞일 잡 (18획)						
장	丈	길이 장 (3획)	匠	장인 장 (6획)	庄	전장 장 (6획)	杖	짚을 장 (7획)
	壯	씩씩할 장 (7획)	長	긴 장 (8획)	奘	클 장 (10획)	帳	장막 장 (11획)
	章	글 장 (11획)	張	베풀 장 (11획)	將	장수 장 (11획)	場	마당 장 (12획)

掌 손바닥 장 (12획)	粧 단장할 장 (12획)	裝 꾸밀 장 (13획)	莊 씩씩할 장 (13획)	
奬 권면할 장 (14획)	葬 장사지낼 장 (15획)	漳 물이름 장 (15획)	樟 노나무 장 (15획)	
腸 창자 장 (15획)	暲 밝을 장 (15획)	璋 구슬 장 (16획)	墻 담 장 (16획)	
牆 담 장 (17획)	薔 장미 장 (19획)	障 막힐 장 (19획)	藏 감출 장 (20획)	
臟 오장 장 (24획)				
(재) 才 재주 재 (3획)	再 두 재 (6획)	在 있을 재 (6획)	材 재목 재 (7획)	
災 재앙 재 (7획)	哉 비로소 재 (9획)	財 재물 재 (10획)	栽 심을 재 (10획)	
宰 재상 재 (10획)	梓 가래나무 재 (11획)	裁 판결할 재 (12획)	載 실을 재 (13획)	
渽 맑을 재 (13획)	縡 일 재 (16획)	齋 재계할 재 (17획)		
(쟁) 爭 다툴 쟁 (8획)	錚 징 쟁 (16획)			
(저) 低 굽힐 저 (7획)	底 밑 저 (8획)	抵 막을 저 (9획)	苧 모시 저 (11획)	
貯 쌓을 저 (12획)	邸 집 저 (12획)	著 편찬할 저 (15획)		

적	赤 붉을 적 (7획)	的 적실할 적 (8획)	寂 고요할 적 (11획)	笛 소루장이 적 (11획)
	迪 나아갈 적 (12획)	賊 도둑 적 (13획)	跡 발자국 적 (13획)	敵 대적할 적 (15획)
	摘 들추어낼 적 (15획)	滴 물방울 적 (15획)	積 쌓을 적 (16획)	績 길쌈 적 (17획)
	蹟 사적 적 (18획)	適 마침 적 (18획)	籍 호적 적 (20획)	
전	田 밭 전 (5획)	全 온전 전 (6획)	甸 경기 전 (7획)	典 법 전 (8획)
	佺 신선이름 전 (8획)	前 앞 전 (9획)	展 펼 전 (10획)	栓 나무 전 (10획)
	專 오로지 전 (11획)	塡 메울 전 (13획)	電 번개 전 (13획)	殿 대궐 전 (13획)
	瑔 구슬 전 (13획)	詮 갖출 전 (13획)	傳 전할 전 (13획)	銓 저울질할 전 (14획)
	錢 돈 전 (16획)	戰 싸움할 전 (16획)	轉 구를 전 (18획)	
절	切 끊을 절 (4획)	折 꺾을 절 (8획)	絕 끊을 절 (12획)	節 마디 절 (15획)
점	占 점칠 점 (5획)	店 가게 점 (8획)	点 점 점 (9획)	漸 점점 점 (15획)
	點 검은 점 (17획)			

접			
接 붙일 접 (12획)	蝶 나비 접 (15획)		

정			
丁 고무래 정 (2획)	井 우물 정 (4획)	正 바를 정 (5획)	汀 물가 정 (6획)
廷 조정 정 (7획)	玎 옥소리 정 (7획)	町 밭지경 정 (7획)	呈 보일 정 (7획)
征 칠 정 (8획)	姃 단정할 정 (8획)	定 정할 정 (8획)	政 정사 정 (8획)
柾 나무바를 정 (9획)	貞 곧을 정 (9획)	亭 정자 정 (9획)	訂 평론할 정 (9획)
庭 뜰 정 (10획)	停 머무를 정 (11획)	挺 뺄 정 (11획)	桯 기둥 정 (11획)
頂 이마 정 (11획)	偵 탐문 정 (11획)	晶 수정 정 (12획)	情 뜻 정 (12획)
淨 맑을 정 (12획)	幀 그림족자 정 (12획)	晸 해뜰 정 (12획)	淀 얕은샘 정 (12획)
程 법 정 (12획)	珵 옥돌 정 (12획)	珽 옥이름 정 (12획)	鉦 징 정 (13획)
靖 편안할 정 (13획)	楨 쥐똥나무 정 (13획)	湞 물이름 정 (13획)	鼎 솥 정 (13획)
綎 인끈 정 (13획)	禎 상서 정 (14획)	精 가릴 정 (14획)	鋌 쇳덩이 정 (15획)
靚 단장할 정 (15획)	整 정제할 정 (16획)	錠 신선로 정 (16획)	靜 고요 정 (16획)

정	鄭	나라 정 (19획)					
제	弟	아우 제 (7획)	制	금할 제 (8획)	帝	임금 제 (9획)	第 차례 제 (11획)
	梯	사다리 제 (11획)	悌	개제할 제 (11획)	祭	제사 제 (11획)	提 들 제 (12획)
	堤	막을 제 (12획)	瑅	옥이름 제 (14획)	製	지을 제 (14획)	齊 모두 제 (14획)
	除	제할 제 (15획)	諸	정제할 제 (16획)	濟	모두 제 (18획)	題 글 제 (18획)
	際	어울릴 제 (19획)					
조	弔	조상할 조 (4획)	早	이를 조 (6획)	兆	억 조 (6획)	助 도울 조 (7획)
	祚	복 조 (10획)	祖	할아비 조 (10획)	租	구실 조 (10획)	晁 아침 조 (10획)
	鳥	새 조 (11획)	彫	새길 조 (11획)	組	짤 조 (11획)	釣 낚시 조 (11획)
	曹	무리 조 (11획)	條	곁가지 조 (11획)	窕	안존할 조 (11획)	詔 조서 조 (12획)
	朝	아침 조 (12획)	措	둘 조 (12획)	照	비칠 조 (13획)	造 지을 조 (14획)
	肇	비로소 조 (14획)	趙	나라 조 (14획)	調	고를 조 (15획)	潮 밀물 조 (16획)

	燥	마를 조 (17획)	操	잡을 조 (17획)	遭	만날 조 (18획)		
족	足	발 족 (7획)	族	겨레 족 (11획)				
존	存	있을 존 (6획)	尊	높을 존 (12획)				
졸	卒	군사 졸 (8획)	拙	졸렬할 졸 (9획)				
종	宗	마루 종 (8획)	倧	신인 종 (10획)	終	마칠 종 (11획)	從	쫓을 종 (11획)
	淙	물소리 종 (12획)	悰	즐거울 종 (12획)	棕	종려나무 종 (12획)	琮	옥 종 (13획)
	種	심을 종 (14획)	綜	모을 종 (14획)	璁	옥소리 종 (16획)	縱	세로 종 (17획)
	鍾	술병 종 (17획)	鐘	쇠북 종 (20획)				
좌	左	왼쪽 좌 (5획)	佐	도울 좌 (7획)	坐	앉을 좌 (7획)	座	자리 좌 (10획)
죄	罪	허물 죄 (14획)						
주	主	주인 주 (5획)	舟	배 주 (6획)	州	고을 주 (6획)	朱	붉을 주 (6획)
	走	달릴 주 (6획)	住	머무를 주 (7획)	宙	집 주 (8획)	周	두루 주 (8획)

주	柱	기둥 주 (9획)	炷	심지 주 (9획)	注	물댈 주 (9획)	奏	아뢸 주 (9획)
	洲	물가 주 (10획)	株	뿌리 주 (10획)	酒	술 주 (11획)	珠	구슬 주 (11획)
	晝	낮 주 (11획)	冑	투구 주 (11획)	註	주낼 주 (12획)	湊	물이름 주 (13획)
	週	일주 주 (15획)	駐	머무를 주 (15획)	遒	다할 주 (16획)	疇	밭 주 (19획)
	鑄	쇠부을 주 (22획)						
죽	竹	대 죽 (6획)						
준	俊	준걸 준 (9획)	准	법 준 (10획)	埈	높을 준 (10획)	峻	높을 준 (10획)
	晙	밝을 준 (10획)	浚	깊을 준 (11획)	焌	불당길 준 (11획)	埻	과녁 준 (11획)
	竣	마칠 준 (12획)	畯	농부 준 (12획)	雋	뛰어날 준 (12획)	儁	준걸 준 (14획)
	準	법 준 (14획)	駿	준마 준 (17획)	濬	깊을 준 (18획)	遵	좇을 준 (19획)
줄	茁	싹날 풀 줄 (11획)						
중	中	가운데 중 (4획)	仲	버금 중 (6획)	重	무거울 중 (9획)	衆	무리 중 (12획)

즉	卽	곧 즉 (9획)						
즐	櫛	빗 즐 (19획)						
즙	汁	진액 즙 (6획)						
증	烝	찔 증 (9획)	症	병증세 증 (10획)	曾	일찍 증 (12획)	蒸	무리 증 (14획)
	增	더할 증 (15획)	憎	미워할 증 (16획)	甑	시루 증 (17획)	贈	줄 증 (19획)
	證	증거 증 (19획)						
지	止	그칠 지 (4획)	支	지탱할 지 (4획)	之	갈 지 (4획)	只	다만 지 (5획)
	至	이를 지 (6획)	旨	뜻 지 (6획)	地	땅 지 (6획)	址	터 지 (7획)
	志	뜻 지 (7획)	池	못 지 (7획)	枝	가지 지 (8획)	知	알 지 (8획)
	沚	물가 지 (8획)	祉	복 지 (9획)	祇	공경할 지 (10획)	芝	지초 지 (10획)
	紙	종이 지 (10획)	指	손가락 지 (10획)	持	가질 지 (10획)	趾	발꿈치 지 (11획)
	智	지혜 지 (12획)	誌	기록할 지 (14획)	摯	지극할 지 (15획)	遲	더딜 지 (19획)

직	直	곧을 **직** (8획)	稙	일찍심는 벼 **직** (13획)	稷	농관 **직** (15획)	織	짤 **직** (18획)
	職	직분 **직** (18획)						
진	辰	별 **진** (7획)	珍	보배 **진** (10획)	晋	진나라 **진** (10획)	眞	참 **진** (10획)
	晉	나라 **진** (10획)	津	나루 **진** (10획)	秦	진나라 **진** (10획)	振	떨칠 **진** (11획)
	軫	수레 **진** (12획)	塵	티끌 **진** (14획)	盡	다할 **진** (14획)	震	진동할 **진** (15획)
	陣	진칠 **진** (15획)	進	나아갈 **진** (15획)	瑱	귀고리 **진** (15획)	瑨	옥돌 **진** (15획)
	璡	옥돌 **진** (17획)	陳	베풀 **진** (16획)	鎭	진정할 **진** (18획)		
질	姪	조카 **질** (9획)	秩	차례 **질** (10획)	疾	병 **질** (10획)	質	바탕 **질** (15획)
	瓆	이름 **질** (20획)						
집	什	세간 **집** (4획)	執	잡을 **집** (11획)	集	모을 **집** (12획)	楫	돛대 **집** (13획)
	潗	샘날 **집** (15획)	輯	모을 **집** (16획)				
징	徵	부를 **징** (15획)	澄	맑을 **징** (16획)	懲	징계할 **징** (19획)		

차	叉	갈래 **차** (3획)	且	또 **차** (5획)	此	이 **차** (6획)	次	버금 **차** (6획)	
	車	수레 **차** (7획)	借	빌릴 **차** (10획)	差	어긋날 **차** (10획)			
착	捉	잡을 **착** (11획)	着	부딪칠 **착** (12획)	錯	그르칠 **착** (16획)			
찬	粲	선명할 **찬** (13획)	撰	글지을 **찬** (16획)	燦	빛날 **찬** (17획)	澯	맑을 **찬** (17획)	
	瓚	큰홀 **찬** (18획)	贊	찬성할 **찬** (15획)	纂	모을 **찬** (20획)	瓚	옥그릇 **찬** (24획)	
	纘	이을 **찬** (25획)	讚	도울 **찬** (26획)	鑽	뚫을 **찬** (27획)			
찰	察	살필 **찰** (14획)							
참	參	참여할 **참** (11획)	慘	슬플 **참** (15획)	慚	부끄러울 **참** (14획)	慙	부끄러울 **참** (15획)	
창	昌	창성할 **창** (8획)	倉	창고 **창** (10획)	昶	밝을 **창** (9획)	唱	노래 **창** (11획)	
	窓	창 **창** (11획)	創	비롯할 **창** (12획)	敞	드러날 **창** (12획)	彰	밝을 **창** (14획)	
	滄	서늘할 **창** (14획)	暢	화창할 **창** (14획)	菖	창포 **창** (14획)	廠	헛간 **창** (15획)	
	蒼	푸를 **창** (15획)							

채	采	캘 채 (8획)	彩	채색 채 (11획)	宋	동관 채 (11획)	埰	사패땅 채 (11획)
	採	딸 채 (12획)	債	빚질 채 (13획)	菜	나물 채 (14획)	蔡	나라이름 채 (17획)
책	冊	책 책 (5획)	責	꾸짖을 책 (11획)	策	꾀 책 (12획)		
처	妻	아내 처 (8획)	處	곳 처 (11획)	悽	슬플 처 (12획)		
척	尺	자 척 (4획)	斥	내칠 척 (5획)	坧	기지 척 (8획)	拓	주울 척 (9획)
	戚	겨레 척 (11획)	陟	오를 척 (15획)				
천	千	일천 천 (3획)	川	내 천 (3획)	天	하늘 천 (4획)	仟	천사람 천 (5획)
	泉	샘 천 (9획)	阡	밭둑길 천 (11획)	淺	얕을 천 (12획)	賤	천할 천 (15획)
	踐	밟을 천 (15획)	薦	천거할 천 (19획)	遷	옮길 천 (19획)		
철	哲	밝을 철 (10획)	喆	밝을 철 (12획)	綴	맺을 철 (14획)	徹	뚫을 철 (15획)
	撤	거둘 철 (16획)	澈	물맑을 철 (16획)	轍	바퀴자국 철 (19획)	鐵	쇠 철 (21획)
첨	尖	뾰족할 첨 (6획)	添	더할 첨 (12획)	僉	다 첨 (13획)	瞻	우러러볼 첨 (18획)

첩	妾	첩 첩 (8획)	帖	문서 첩 (8획)	捷	빠를 첩 (12획)			
청	靑	푸를 청 (8획)	淸	맑을 청 (12획)	晴	갤 청 (12획)	請	청할 청 (15획)	
	聽	들을 청 (22획)	廳	관청 청 (25획)					
체	替	대신할 체 (12획)	締	맺을 체 (15획)	諦	살필 체 (16획)	遞	갈마들일 체 (17획)	
	體	몸 체 (23획)							
초	艸	풀 초 (6획)	初	처음 초 (7획)	抄	가릴 초 (8획)	招	부를 초 (9획)	
	肖	같을 초 (9획)	草	풀 초 (12획)	焦	그을릴 초 (12획)	超	뛰어넘을 초 (12획)	
	楚	나라 초 (13획)	樵	땔나무 초 (16획)	蕉	파초 초 (18획)	礎	주춧돌 초 (18획)	
촉	促	재촉할 촉 (9획)	燭	촛불 촉 (17획)	觸	받을 촉 (20획)			
촌	寸	마디 촌 (3획)	村	마을 촌 (7획)					
총	銃	총 총 (14획)	總	거느릴 총 (17획)	聰	귀밝을 총 (17획)	叢	모을 총 (18획)	
	寵	사랑할 총 (19획)							

최	崔	높을 **최** (11획)	最	가장 **최** (12획)	催	재촉할 **최** (13획)		
추	秋	가을 **추** (9획)	抽	뺄 **추** (9획)	推	밀 **추** (12획)	追	따를 **추** (13획)
	楸	가래나무 **추** (13획)	樞	지두리 **추** (15획)	錐	송곳 **추** (16획)	錘	저울눈 **추** (16획)
	鄒	나라이름 **추** (17획)	醜	더러울 **추** (17획)				
축	丑	소 **축** (4획)	畜	기를 **축** (10획)	祝	축원할 **축** (10획)	軸	굴대 **축** (12획)
	逐	쫓을 **축** (14획)	築	쌓을 **축** (16획)	蓄	쌓을 **축** (16획)	縮	오그라들 **축** (17획)
춘	春	봄 **춘** (9획)	椿	대추나무 **춘** (13획)	瑃	옥이름 **춘** (14획)	賰	넉넉할 **춘** (16획)
출	出	날 **출** (5획)						
충	充	채울 **충** (6획)	虫	벌레 **충** (6획)	冲	화할 **충** (6획)	忠	충성 **충** (8획)
	沖	화할 **충** (8획)	衷	정성 **충** (10획)	珫	귀고리옥 **충** (11획)	衝	충돌 **충** (15획)
	蟲	벌레 **충** (18획)						
췌	萃	모을 **췌** (14획)						

발음	한자	뜻·음	한자	뜻·음	한자	뜻·음	한자	뜻·음
취	吹	불 취 (7획)	取	가질 취 (8획)	臭	냄새 취 (10획)	就	나아갈 취 (12획)
	翠	비취 취 (14획)	聚	모을 취 (14획)	醉	술취할 취 (15획)	趣	뜻 취 (15획)
측	側	곁 측 (11획)	測	측량할 측 (13획)				
층	層	층 층 (15획)						
치	治	다스릴 치 (9획)	致	이룰 치 (10획)	峙	우뚝설 치 (9획)	値	만날 치 (10획)
	恥	부끄러울 치 (10획)	雉	꿩 치 (13획)	稚	어릴 치 (13획)	馳	달릴 치 (13획)
	置	둘 치 (14획)	齒	이 치 (15획)	熾	불땔 치 (16획)		
칙	則	법 칙 (9획)	勅	신칙할 칙 (9획)				
친	親	친할 친 (16획)						
칠	七	일곱 칠 (7획)	漆	옻칠할 칠 (15획)				
침	沈	잠길 침 (8획)	枕	베개 침 (8획)	侵	침노할 침 (9획)	針	바늘 침 (10획)
	浸	젖을 침 (11획)	寢	잠잘 침 (14획)				

칩	蟄	우물거릴 칩 (17획)				

칭	秤	저울 칭 (10획)	稱	일컬을 칭 (14획)		

5. 수(水) ㅁ · ㅂ · ㅍ의 한자

마	馬	말 마 (10획)	麻	삼 마 (11획)	瑪	옥돌 마 (15획)	磨	갈 마 (16획)
막	莫	아닐 막 (13획)	幕	장막 막 (14획)	漠	사막 막 (15획)		
만	万	일만 만 (3획)	晚	늦을 만 (11획)	曼	길멀 만 (11획)	萬	일만 만 (15획)
	滿	찰 만 (15획)	慢	거만할 만 (15획)	漫	흩어질 만 (15획)	蔓	넝쿨 만 (17획)
	鏋	금 만 (19획)	蠻	오랑캐 만 (25획)				
말	末	끝 말 (5획)						
망	亡	망할 망 (3획)	妄	허망할 망 (6획)	忘	잊을 망 (7획)	忙	바쁠 망 (7획)
	罔	없을 망 (9획)	望	바랄 망 (11획)	茫	망망할 망 (12획)	網	그물 망 (14획)
매	每	매양 매 (7획)	枚	낱 매 (8획)	妹	아래누이 매 (8획)	埋	묻을 매 (10획)
	梅	매화 매 (11획)	買	살 매 (12획)	賣	팔 매 (15획)		
맥	麥	보리 맥 (11획)	脈	맥 맥 (12획)				

맹	孟	만 맹 (8획)	盲	어두울 맹 (8획)	猛	날랠 맹 (12획)	盟	맹세할 맹 (13획)
	萌	싹 맹 (14획)						

면	免	면할 면 (7획)	面	낯 면 (9획)	勉	힘쓸 면 (9획)	眠	잠잘 면 (10획)
	冕	면류관 면 (11획)	棉	목화 면 (12획)	綿	솜 면 (14획)		

멸	滅	멸할 멸 (14획)						

명	名	이름 명 (6획)	明	밝을 명 (8획)	命	목숨 명 (8획)	冥	어두울 명
	銘	새길 명 (14획)	溟	바다 명 (14획)	鳴	울 명 (14획)		

모	毛	털 모 (4획)	母	어미 모 (5획)	矛	모진창 모 (5획)	牟	보리 모 (6획)
	冒	무릅쓸 모 (9획)	某	아무 모 (9획)	募	모을 모 (13획)	貌	모양 모 (14획)
	暮	저물 모 (15획)	慕	사모할 모 (15획)	摸	모뜰 모 (15획)	模	법 모 (15획)
	謀	꾀할 모 (16획)	謨	꾀 모 (17획)				

목	木	나무 목 (4획)	目	눈 목 (5획)	沐	목욕할 목 (8획)	牧	기를 목 (8획)

	1	2	3	4	5
	睦 화목할 목 (13획)	穆 화목할 목 (16획)			
몰	沒 빠질 몰 (8획)				
몽	夢 꿈 몽 (14획)	蒙 어릴 몽 (16획)			
묘	卯 토끼 묘 (5획)	妙 묘할 묘 (7획)	苗 싹 묘 (11획)	描 그릴 묘 (13획)	
	墓 무덤 묘 (14획)	廟 사당 묘 (15획)	錨 닻 묘 (17획)		
무	无 없을 무 (4획)	戊 천간 무 (5획)	武 호반 무 (8획)	拇 엄지손가락 무 (9획)	
	畝 밭이랑 무 (10획)	務 힘쓸 무 (11획)	茂 무성할 무 (11획)	無 없을 무 (12획)	
	貿 무역할 무 (12획)	珷 무부 무 (13획)	舞 춤출 무 (14획)	撫 어루만질 무 (16획)	
	霧 안개 무 (19획)				
묵	墨 먹물 묵 (15획)	默 잠잠할 묵 (16획)			
문	文 글월 문 (4획)	汶 물이름 문 (8획)	炆 연기낄 문 (8획)	門 문 문 (8획)	
	紋 무늬 문 (10획)	問 물을 문 (11획)	聞 들을 문 (14획)		

물	勿	말 물 (4획)	物	만물 물 (8획)				
미	未	아닐 미 (5획)	米	쌀 미 (6획)	尾	꼬리 미 (7획)	味	맛 미 (8획)
	眉	눈썹 미 (9획)	美	아름다울 미 (9획)	迷	미혹할 미 (13획)	渼	물 미 (13획)
	微	작을 미 (13획)	彌	그칠 미 (17획)	薇	장미꽃 미 (19획)		
민	民	백성 민 (5획)	旼	화할 민 (8획)	旻	하늘 민 (8획)	岷	산이름 민 (8획)
	玟	옥돌 민 (9획)	珉	옥돌 민 (10획)	敏	민첩할 민 (11획)	閔	민망할 민 (12획)
	憫	불쌍히여길 민 (16획)						
밀	密	빽빽할 밀 (11획)	蜜	꿀 밀 (14획)				
박	朴	성 박 (6획)	泊	쉴 박 (9획)	拍	칠 박 (9획)	珀	호박 박 (10획)
	迫	핍박할 박 (12획)	博	넓을 박 (12획)	撲	두드릴 박 (16획)	璞	옥돌 박 (17획)
	薄	엷을 박 (19획)						
반	反	돌이킬 반 (4획)	半	절반 반 (5획)	伴	짝 반 (7획)	叛	배반할 반 (9획)

般 옮길 반 (10획)	畔 밭도랑 반 (10획)	班 나눌 반 (11획)	返 돌아올 반 (11획)
飯 밥 반 (13획)	頒 반포할 반 (13획)	磐 반석 반 (15획)	盤 소반 반 (15획)
潘 물이름 반 (16획)			
발 拔 뽑을 발 (9획)	發 일어날 발 (12획)	鉢 바리때 발 (13획)	渤 바다 발 (13획)
髮 터럭 발 (15획)	潑 활발할 발 (16획)		
방 方 모 방 (4획)	妨 해로울 방 (7획)	坊 막을 방 (7획)	彷 거닐 방 (7획)
放 놓을 방 (8획)	房 방 방 (8획)	芳 향기 방 (10획)	倣 본받을 방 (10획)
肪 기름 방 (10획)	訪 찾을 방 (11획)	邦 나라 방 (11획)	傍 곁 방 (12획)
防 막을 방 (12획)			
배 杯 잔 배 (8획)	盃 잔 배 (9획)	拜 절 배 (9획)	倍 갑절 배 (10획)
配 짝 배 (10획)	培 북돋을 배 (11획)	背 등 배 (11획)	排 물리칠 배 (12획)
湃 물소리 배 (13획)	襄 성 배 (14획)	裴 성 배 (14획)	輩 무리 배 (15획)

배	陪 모실 배 (16획)			
백	白 흰 백 (5획)	伯 맏 백 (7획)	百 일백 백 (6획)	佰 백사람의 어른 백 (8획)
	帛 비단 백 (8획)	柏 측백나무 백 (9획)	栢 측백나무 백 (10획)	
번	番 차례 번 (12획)	煩 번거로울 번 (13획)	繁 번성할 번 (17획)	翻 날 번 (18획)
	飜 날 번 (18획)			
벌	伐 칠 벌 (6획)	閥 문벌 벌 (14획)	罰 벌줄 벌 (15획)	
범	凡 무릇 범 (3획)	氾 넘칠 범 (6획)	犯 범할 범 (5획)	帆 배돛 범 (6획)
	汎 뜰 범 (7획)	机 나무이름 범 (7획)	范 벌풀 범 (11획)	範 법 범 (15획)
법	法 법 법 (9획)			
벽	碧 푸를 벽 (14획)	壁 벽 벽 (16획)	璧 구슬 벽 (18획)	闢 열 벽 (21획)
변	卞 조급할 변 (4획)	辨 분별할 변 (16획)	辯 말 잘할 변 (21획)	邊 가 변 (22획)
	變 변할 변 (23획)			

별	別 다를 별 (7획)			
병	丙 남녁 병 (5획)	兵 군사 병 (7획)	幷 어우를 병 (6획)	秉 잡을 병 (8획)
	並 아우를 병 (8획)	炳 빛날 병 (9획)	柄 자루 병 (9획)	昞 밝을 병 (9획)
	昺 밝을 병 (9획)	竝 아우를 병 (10획)	倂 아우를 병 (10획)	病 병들 병 (10획)
	屛 병풍 병 (11획)	棅 자루 병 (12획)	瓶 병 병 (11획)	餠 금덩이 병 (14획)
	軿 수레 병 (15획)			
보	步 걸음 보 (7획)	甫 클 보 (7획)	保 보호할 보 (9획)	堡 작은성 보 (12획)
	報 갚을 보 (12획)	普 넓을 보 (12획)	補 기울 보 (13획)	輔 도울 보 (14획)
	譜 족보 보 (19획)	寶 보배 보 (20획)		
복	卜 점 복 (2획)	伏 엎드릴 복 (6획)	服 입을 복 (8획)	復 회복할 복 (12획)
	福 복 복 (14획)	腹 배 복 (15획)	複 겹옷 복 (15획)	馥 향기 복 (18획)
본	本 근본 본 (5획)			

봉			
奉 받들 봉 (8획)	封 봉할 봉 (9획)	俸 녹 봉 (10획)	峯 산봉우리 봉 (10획)
峰 산봉우리 봉 (10획)	烽 봉화 봉 (11획)	棒 몽둥이 봉 (12획)	捧 받들 봉 (12획)
蜂 벌 봉 (13획)	琫 칼장식 봉 (13획)	逢 만날 봉 (14획)	鳳 새 봉 (14획)
鋒 칼날 봉 (15획)	蓬 쑥 봉 (17획)		

부			
父 아비 부 (4획)	夫 지아비 부 (4획)	付 줄 부 (5획)	否 아니 부 (7획)
孚 믿을 부 (7획)	扶 도울 부 (8획)	府 마을 부 (8획)	負 짐질 부 (9획)
赴 다다를 부 (9획)	芙 연꽃 부 (10획)	浮 뜰 부 (11획)	婦 며느리 부 (11획)
副 버금 부 (11획)	符 병부 부 (11획)	富 부자 부 (12획)	復 다시 부 (12획)
傅 스승 부 (12획)	附 붙일 부 (13획)	溥 클 부 (14획)	腐 썩을 부 (14획)
部 떼 부 (15획)	賦 구실 부 (15획)	敷 펼 부 (15획)	膚 피부 부 (17획)
簿 장부 부 (19획)			

북			
北 북녘 북 (5획)			

음								
분	分	나눌 분 (4획)	汾	물 분 (8획)	盆	동이 분 (9획)	芬	향기 분 (10획)
	紛	어지러울 분 (10획)	粉	가루 분 (10획)	賁	클 분 (12획)	墳	무덤 분 (16획)
	憤	분할 분 (16획)	奮	떨칠 분 (16획)				
불	不	아닐 불 (4획)	弗	말 불 (5획)	佛	부처 불 (7획)	拂	떨칠 불 (9획)
붕	朋	벗 붕 (8획)	崩	무너질 붕 (11획)	鵬	붕새 붕 (19획)		
비	比	견줄 비 (4획)	妃	왕비 비 (6획)	批	손으로 칠 비 (8획)	非	아닐 비 (8획)
	枇	비파 비 (8획)	卑	낮을 비 (8획)	庇	덮을 비 (7획)	飛	날 비 (9획)
	肥	살찔 비 (10획)	祕	숨길 비 (10획)	秘	숨길 비 (10획)	婢	여종 비 (11획)
	悲	슬플 비 (12획)	備	갖출 비 (12획)	扉	문짝 비 (12획)	費	비용 비 (12획)
	碑	비석 비 (13획)	琵	비파 비 (13획)	鼻	코 비 (14획)	譬	비유할 비 (20획)
빈	彬	빛날 빈 (11획)	斌	빛날 빈 (12획)	貧	가난할 빈 (11획)	賓	손 빈 (14획)
	頻	자주 빈 (16획)	嬪	계집 빈 (17획)	濱	물가 빈 (18획)		

빙	氷	어름 빙 (5획)	聘	부를 빙 (13획)	憑	의지할 빙 (16획)		
파	巴	땅이름 파 (4획)	坡	고개 파 (8획)	波	물결 파 (9획)	把	잡을 파 (8획)
	芭	파초 파 (10획)	破	깨질 파 (10획)	派	물갈래 파 (10획)	琶	비파 파 (13획)
	頗	자못 파 (14획)	罷	파할 파 (16획)	播	심을 파 (16획)		
판	坂	고개 판 (7획)	判	판단할 판 (7획)	板	널 판 (8획)	版	인쇄할 판 (8획)
	販	팔 판 (11획)	阪	산비탈 판 (12획)				
팔	八	여덟 팔 (8획)						
패	貝	조개 패 (7획)	佩	찰 패 (8획)	敗	패할 패 (11획)	浿	물가 패 (11획)
	牌	방붙일 패 (12획)	霸	으뜸 패 (21획)				
팽	彭	성 팽 (12획)	澎	물소리 팽 (16획)				
편	片	조각 편 (4획)	便	편할 편 (9획)	扁	작을 편 (9획)	偏	치우칠 편 (11획)
	篇	책 편 (15획)	編	엮을 편 (15획)	遍	두루 편 (16획)		

평	平 평평할 평 (5획)	坪 들 평 (8획)	枰 바둑판 평 (9획)	評 평론할 평 (12획)
폐	肺 허파 폐 (10획)	閉 닫을 폐 (11획)	廢 폐할 폐 (15획)	陛 섬돌 폐 (15획)
	幣 폐백 폐 (15획)	弊 폐단 폐 (15획)	蔽 가릴 폐 (18획)	
포	布 베 포 (5획)	包 쌀 포 (5획)	抱 안을 포 (9획)	捕 잡을 포 (11획)
	砲 대포 포 (10획)	浦 물가 포 (11획)	胞 태보 포 (11획)	飽 배부를 포 (14획)
	葡 포도 포 (15획)	褒 포장할 포 (15획)		
폭	幅 폭 폭 (12획)	暴 사나울 폭 (15획)	爆 터질 폭 (19획)	
표	杓 자루 표 (7획)	表 겉 표 (9획)	豹 표범 표 (10획)	票 표 표 (11획)
	彪 범 표 (11획)	標 표할 표 (15획)	漂 뜰 표 (15획)	驃 날쌜 표 (21획)
품	品 품수 품 (9획)	稟 품할 품 (13획)		
풍	風 바람 풍 (9획)	楓 단풍나무 풍 (13획)	豊 풍년 풍 (13획)	豐 풍년 풍 (18획)
피	皮 가죽 피 (5획)	彼 저 피 (8획)	疲 피곤할 피 (10획)	被 입을 피 (11획)

피	避 피할 피 (20획)				
필	匹 짝 필 (4획)	必 반드시 필 (5획)	泌 물좀게흐를 필 (10획)	珌 칼장식할 필 (10획)
	苾 향기로울 필 (11획)	畢 마칠 필 (11획)	筆 붓 필 (12획)	弼 도울 필 (12획)
	馝 향기 필 (14획)			

판권본사소유

쉽게 이름짓는 비법 공개

이름짓는 법

1997년 1월 10일 초 판 인 쇄
1997년 1월 20일 초 판 발 행
2011년 3월 20일 8쇄 발 행

편   자 : **한국성명철학연구소**

발행자 : **김   종   진**

발행처 : **은   광   사**

주   소 : 서울시 중랑구 망우동 503-11

등록번호 : 제18-71호

등록날짜 : 1997. 1. 8

전   화 : 763-1258 / 764-1258

정가 8,000원

※ 잘못된 책은 바꿔드립니다.